由巫到礼
释礼归仁

李泽厚 著

人民文学出版社

图书在版编目(CIP)数据

由巫到礼　释礼归仁 / 李泽厚著. —北京：人民文学出版社，2022
ISBN 978-7-02-016863-7

Ⅰ.①由⋯　Ⅱ.①李⋯　Ⅲ.①巫术—中国—文集　Ⅳ.①B992.5-53

中国版本图书馆 CIP 数据核字(2021)第 271802 号

责任编辑　李　磊
装帧设计　刘　远
责任印制　任　祎

出版发行　人民文学出版社
社　　址　北京市朝内大街 166 号
邮政编码　100705

印　　刷　北京盛通印刷股份有限公司
经　　销　全国新华书店等

字　　数　164 千字
开　　本　880 毫米×1230 毫米　1/32
印　　张　9.125　插页 1
版　　次　2022 年 4 月北京第 1 版
印　　次　2022 年 4 月第 1 次印刷

书　　号　978-7-02-016863-7
定　　价　69.00 元

如有印装质量问题，请与本社图书销售中心调换。电话：010-65233595

目 录

前　记

　　此书集旧文六篇新作两则，盖由巫入礼归仁为中华文化关键所在，虽学界寂然，但问题至要，上述诸文尚能相互照应，略成一统，乃冒不韪，反复组编，重复啰嗦，读者鉴谅。

　　李泽厚2014年8月于京华寓所，时年八十有四

说巫史传统（1999）

赞而不达于数，则其为之巫，数而不达于德，则其为之
史，……吾与史巫同途而殊归也。

——孔子（《马王堆帛书·要》）

二十年前（1978 年）我议论写思想史可以有两种方式（历
史的或哲学的，"我注六经"式或"六经注我"式），曾引起
某些批判。抱愧的是，我今天仍然只能是"六经注我"式的
写法：制造概念①，提供视角，以省察对象。因之所说多为
假说式的断定；史料的编排，逻辑的论证，均颇疏阔。但如
果能揭示某种关键，使人获得某种启发，便将是这种话语的
理想效果。

我以前曾提出"实用理性"、"乐感文化"、"情感本体"、"儒

① 参阅 Gilles Deleuzw & Felix Guattari，*What is Philosophy*，Columbia UP，1994。

道互补"、"儒法互用"、"一个世界"等概念来话说中国文化思想，今天则拟用"巫史传统"一词统摄之，因为上述我以之来描述中国文化特征的概念，其根源在此处。我写了三本中国思想史论，从孔子讲到毛泽东，这篇则主要讲孔子以前。孔子是传统的转化性的创造者。在孔子之前，有一个悠久的巫史传统。

我以为，中国文明有两大征候特别重要，一是以血缘宗法家族为纽带的氏族体制（Tribe System），一是理性化了的巫史传统（Shamanism rationalized）。两者紧密相连，结成一体；并长久以各种形态延续至今。但文本限于思想史，只谈后者。

巫君合一

新石器时代考古发现，中国文化无可争辩的重大原始现象之一，是祖先崇拜。[1]真可说源远流长，材料极多。其他文化也多有祖先崇拜，中国的特征在于：

1. 从远古到殷周，祖先崇拜与上帝崇拜的合一性或一致性。尽管历史学家们关于中国上古至上神与祖先神的关系，仍有各种参差不同的意见；尽管这两者的所谓"合一"或"一致"可能有

---

[1] 何炳棣："构成华夏人本主义最主要的制度因素是氏族组织，最主要的信仰因素是祖先崇拜。制度和信仰本是一事的两面。""商王虽祭祀天神、大神、昊天、上帝及日、月、风、云、雨、雪、土地山川等自然神祇，但祖先崇拜在全部宗教信仰中确已取得压倒的优势。"（《华夏人本主义文化：渊源、特征及意义》，见《二十一世纪》总 33 期，第 93、96—97 页，1996）

并不相同的多种形态；但两者紧密相连却几乎被学者们所公认。如王国维认帝喾即殷祖先，"为商人所自出之帝，故商人谛之。"①郭沫若说："卜辞中的帝就是高祖"，"至上神'帝'同时又是他们的宗祖。"②陈梦家说："祖先崇拜与天神崇拜逐渐接近、混合，已为殷以后的中国宗教树立了规模，即祖先崇拜压倒了天神崇拜。"③徐复观说："殷人的宗教性主要受祖先神支配。他们与天帝的关系，都是通过祖先作中介人。周人的情形，也同此。"④张光直认为"商"字的含义即祖先崇拜，"在商人的世界观里，神的世界与祖先的世界之间的差别,几乎到微不足道的程度"⑤。如此等等。祖先生是人，死为神，或生即半神。无论生死，祖先（主要是氏族首领的祖先）都在保护着"家国"——本氏族、部落、部族（酋邦）、国家的生存和延续。在这里，人与神、人世与神界、人的事功与神的业绩常直接相连、休戚相关和浑然一体。《礼记》说"文王之祭也，事死者如事生"（《祭义》），孔子讲"未能事人，焉能事鬼"等等，都是建立在这个"事奉祖先"的基础之上。生与死、人与神的界限始终没有截然划开，而毋

① 王国维：《古史新证·殷之先公先王》，见《王国维文集》第4卷，第6页，北京，中国文史出版社，1997。
② 郭沫若：《青铜时代·先秦天道观的发展》，见《沫若文集》卷16，第15、19页，北京，人民文学出版社，1962。
③ 陈梦家：《殷虚卜辞综述》，第562页，北京，中华书局，1988。
④ 徐复观：《中国人性论史》，第17页。
⑤ 张光直：《中国青铜时代》，第346页。

宁是连贯一气，相互作用着的。直到现代民间风俗，人死后，家属、子孙以各种"明器"（从器皿到纸制的房屋）殉葬，便仍是两千年前这个"事死者如事生"亦即祖先崇拜的具体延续。

2. 更为重要的是，这种"相连"、"相关"和"一体"，在远古有非常具体、实在的实现途径，这就是"巫"（Shaman）。① "巫"在上古当然有一个极为漫长、复杂的演变过程。其中一个关键是，自原始时代的"家为巫史"转到"绝地天通"之后，"巫"成了"君"（政治首领）的特权职能。在卜辞中，可以见到"巫"与"帝"常相关联，如"帝于巫"、"帝东巫"、"帝北巫"，等等。在体制上有所谓"寝庙相连"，即处理人间事务与侍奉鬼神的事务是在同一而相连结的处所进行。② 即使其后分化出一整套巫、祝、卜、史的专业职官，但最大的"巫"仍然是"王"、"君"、"天子"。陈梦家说："王者自己虽然是政治领袖，仍为群巫首。"③ 也就是说，尽管有各种专职的巫史卜祝，最终也最重要的，仍然是由政治领袖的"王"作为最大的"巫"，来沟通神界与人世，

① "巫"应为 Shaman，从张光直说。见陈来：《古代宗教与伦理》，第 45 页，北京，生活·读书·新知三联书店，1996。

② "庙与寝前后接连。庙是祖先神灵之所居，寝是今王的经常住所。庙……既是祭祀系统的中枢，又是朝观、聘、丧、射、献俘、赏赐臣僚、会合诸侯等重要典礼进行的场所。"（《华夏人本主义文化：渊源、特征及意义》，见《二十一世纪》总 33 期，第 98 页，1996）

③ 陈梦家：《商代的神话与巫术》，《燕京学报》第 20 期，第 535 页，1936。

以最终做出决断，指导行动。这意味着政治领袖在根本上掌握着沟通天人的最高神权。王、玉、巫、舞，无论在考古发现或文献记载上，都强劲地叙说着它们之间同一性这一重要史实。苏秉琦说："在五千年的红山文化、大汶口文化、良渚文化那个阶段上，玉器成了最初的王权象征物……神权由王权垄断，一些玉器又成为通天的神器。"①《说文》："以玉事神为之巫。"甲文："贞，王其舞，若。""贞，王勿舞"，如此等等。

这种"巫君合一"（亦即政教合一）与祖先—天神崇拜合一（亦即神人合一），实际上是同一件事情。它经由漫长过程，尽管王权日益压倒、取代神权，②但二者的一致和结合却始终未曾解体。③这也就是说，从远古时代的大巫师到尧、舜、禹、汤、文、武、周公，所有这些著名的远古和上古政治大人物，还包括伊尹、巫咸、伯益等人在内，都是集政治统治权（王权）与精神统治权（神权）于一身的大巫。这有某些文献记载，如：

颛顼："依鬼神以制义。"（《大戴礼记·五帝德》）"帝颛顼主要的事是命重、黎'绝地天通'……只有他（指重）同帝颛顼才管得天上的事情。"④"颛顼的名字显然是取义于人持树枝

---

① 苏秉琦：《华人·龙的传人·中国人》，第249页，沈阳，辽宁大学出版社，1994。

② 张忠培："中国古代社会的历史趋势，是王权日益高于神权，并凌驾神权之上。……至迟至夏，或许早到龙山时代。"（《明报月刊》，1996年10月号）

③ 《说文》："君，从尹从口，口以为号。"李学勤："卜辞君尹二字经常互用。尹乃圣职，司神事也。"

④ 徐旭生：《中国古史的传说时代》，第76页，北京，文物出版社，1985。

和持玉而舞。"①

禹、夏后启："禹步多巫。"(《法言·重黎》)"禹步者,盖是夏禹所为术,召役神灵之行涉。"(《洞神八帝元变经·禹步致灵》)②"大乐之野,夏后启于此舞九代,乘两龙。"(《山海经·海外西经》)"昔夏后启筮,乘龙以登于天,占于皋陶。陶曰:吉而必同,与神交通。"(《太平御览》卷八二引《史记》)张光直认为,"九代"即巫舞,"夏后启无疑为巫"。③

汤:著名的"汤祷":"昔者汤克夏而正天下,天大旱,五年不收。汤乃以身祷于桑林,……翦其发,磨其手,以身为牺牲。……雨乃大至,则汤达乎鬼神之化人事之传也。"(《吕氏春秋·季秋纪·顺民》,并见《墨子》等)

从文王到周公:"文王在上,於昭于天"(《诗·大雅·文王》),"宁王惟卜用,克绥受兹命"(《尚书·大诰》),"宁王遗我大宝龟,绍天明,即命……"(同上)④

以及伊尹、巫咸等人,也是等同于王并享用后代殷王祭礼的大巫兼政治首领人物:

"昔成汤既受命,时则有若伊尹,格于皇天;在太甲,时则

---

① 周策纵:《古巫医与"六诗"考》,第 131 页,1986。

② 何谓"禹步",众说不一。大抵是某种巫术舞蹈。阮元并认为,"夏"字即"舞"字,"夏,舞也。臼象舞者手容,象舞者足容。"(戴侗《六书故》)

③ 张光直:《中国青铜时代二集》,第 64 页,三联书店,1990。

④ 文王乃大巫,并见徐复观:《中国人性论史》,第 27 页,引日本人著作。

有若保衡；在太戊，时则有若伊陟、臣扈，格于上帝。……"（《尚书·君奭》）①

……

这些都是后世儒家所颂扬不已的"圣君贤相"。本来，在上古率领氏族、部落、酋邦，作为父家长的政治首领，不但需要具备无比的勇气、刚毅的性格，而且更要求具有超人的智慧，以预见未来，指导行动。《尚书·大禹谟》称："（伯）益赞于禹。"疏："赞，明也，佐也。"注："赞者，佐而助成，而令微者得著，故训为明也。""见微知著"已成后世成语，即有先见之明。这也是"巫"的"佐助"、"明辅"，即"赞"的功能。张光直说："……鬼神是有先知的，……生人对鬼神这种智慧是力求获得的。……掌握有这种智慧的人便有政治的权力。因此在商代，巫、政是密切结合的。"②一提及"巫"，人们习惯地以为就是已经专职化的"巫、祝、卜、史"，以及后世小传统中的巫婆、神汉之类。的确，"巫"有这一逐渐下降，并最后沦为民间傩文化的历史发展。之所以如此，却正是由于王权日益凌驾神权，使通天人的"巫"日益从属附庸于"王"

---

① 丁山："卜辞所见咸戊、戊，在《君奭》篇君称为巫咸、巫贤。《君奭》所称的伊陟臣扈，在卜辞也称为陟戊，学戊；然则，卜辞所见以戊为号的名臣，在当时并是巫觋之流。那么，商代中叶的政治，我敢说是神权政治了。"（《商周史料考证》，第64页，中华书局，1988）
② 张光直：《中国青铜时代二集》，第65页，三联书店，1990。

的缘故。而王权和王之所以能够如此，又是由于"巫"的通神人的特质日益直接理性化，成为上古君王、天子某种体制化、道德化的行为和品格。这就是中国上古思想史的最大秘密：**"巫"的基本特质通由"巫君合一"、"政教合一"途径，直接理性化而成为中国思想大传统的根本特色。巫的特质在中国大传统中，以理性化的形式坚固保存、延续下来，成为了解中国思想和文化的钥匙所在。**至于小传统中的"巫"，比较起来，倒是无足轻重的了。

"巫"的特质

那么，什么是这个"巫的特质"呢？

甲文中巫作王，多见。或作炗，同舞字，亦多见。它们与祈雨或祈雨的舞蹈活动有关。不仅卜辞，而且文献如《周礼》《诗经》《礼记》亦多见"舞"字。[①]当时"舞"种类繁多，颇为重要。

---

① 卜辞如"大雨，巫不出"（《殷墟文字外编》410）"其舞其雨？"（乙编5112）"乎舞有雨？乎舞之雨？"（全638）等。文献如"巫，祝也。女，能事无形，以舞降神者也"（《说文》），"若国大旱，则帅巫而舞"（《周礼》）等。民间传统如：苗族祭、舞相连，"巫术成为人和祖之间的沟通手段，成为祭祖活动中趋吉避凶的法式"（张紫晨：《中国巫术》，第91页，上海三联书店，1990）。彝族则葬仪的每一步均与坐术相连（同上书）。礼失而求诸野，今日山陲少数民族巫术舞蹈，恐即上古中原文化的流布余迹。

仰韶马家窑彩陶盆的多人牵手的舞蹈姿态，大概就是这种巫舞形象。[①]巫舞求雨是其中最重要的一种。卜辞中多见求雨，巫舞求雨对农耕民族是头等大事，与整个氏族、部落生存、生活休戚相关，地位非常重要。其次，巫舞和巫术活动由求雨并及其他种种祭祀活动（当时祭祀极为繁多，卜辞记载凡三、五日一祭）以及治病求药等等。[②]它从而发展出一整套极其繁复的仪文礼节的形式规范，我称之为"巫术礼仪"。[③]其主观目的是沟通天人，和合祖先，降福氏族；其客观效果则是凝聚氏族，保持秩序，巩固群体，维系生存。

分解说来，"巫的特质"以下列四点最为重要：

1."巫术礼仪"主要是直接为群体的人间事务而活动的，具有非常具体的现实目的和物质利益，绝非仅为个体的精神需要或灵魂慰安之类而作。降雨、消灾、祈福等均如此。包括巫师治病，主要也是通由神明而救治肉体。

2."巫术礼仪"是极为复杂的整套行为、容貌、姿态和语言，其中包括一系列繁细动作和高难技巧，由于它是沟通神明的圣

① 参阅拙著《美的历程》。张光直并认为仰韶彩陶中的人头壶、人面含鱼也都有巫术含义。见张著《中国考古学论文集·仰韶文化的巫觋资料》。

② 《山海经》有许多"巫"的记载，其特点是"居山"和治病。"居山"也就是上天下地沟通神人。治病则是"操不死之药"，都是巫术。如所云："有灵山，巫咸、巫即、巫盼、巫彭、巫姑、巫真、巫礼、巫抵、巫谢、巫罗十巫，从此升降，百药爰在。"（大荒西经）

③ 参阅拙作《孔子再评价》，见《中国社会科学》第2期，1980。

典仪式（holy ritual），不能小有差错，因此对巫师本人、参加操作者以及整个氏族群体成员，都有十分严格的要求和规范，必须遵循，不能违背，否则便会有大灾难降临于整个群体。巫术操作的这个方面后来发展为各种方术、技艺、医药等专门之学。

3.最值得重视的是，人（氏族群体）的"吉"、"福"，被想象是通过这种"巫术礼仪"的活动,作用、影响、强迫[1]甚至控制、主宰了鬼神、天地而发生的。例如巫舞促使上天降雨、消灾、赐福。在这里，人的主动性极为突出。在这里，不是某种被动的请求、祈愿，而是充满主动精神（**从行为动作到心理意识**）的活动成了关键。[2]在巫术礼仪中，内外、主客、人神浑然一体，不可区辨。**特别重要的是，它是身心一体而非灵肉两分，它重活动过程而非重客观对象。因为"神明"只出现在这不可言说不可限定的身心并举的狂热的巫术活动本身中，而并非孤立、静止地独立存在于某处。神不是某种脱开人的巫术活动的对象性的存在。**相反,人的巫术活动倒成了是"神明"出现的前提。"神"的存在与人的活动不可分，"神"没有独立自足的超越或超验性质。

4.在"巫术礼仪"中，情感因素极为重要。巫术活动是巫

---

[1]　包括后世民间曝晒"龙王"以求雨，仍此遗痕。

[2]　这正是巫术不同于宗教之所在。参看Frezer:《金枝》;Max Weber:《宗教社会学》等有关著作。

师或所有参加者所具有的某种迷狂状态，它是一种非理性或无意识的强烈情感的展现和暴露。但由于在活动、操作上又受着上述严格形式规范的要求，与繁复的细节仪式相结合，上述迷狂情绪便仍然受着理知的强力控制，从而使它发展为一种包容有想象、理解、认知诸因素在内的情感状态。它大概是区别于动物、为人类所独有的多种心理功能复合物的最初呈现。因之，在塑建不同于动物心理的"人性"上，巫术礼仪也起了决定性作用。即使是各种恐怖、残忍的非理性迷狂的自虐形态（烧身、割肉、火烤……），也**仍然有理知认识和想象因素在内，动物便没有这种迷狂情感**。巫术在想象中支配、控制对象，并与对象在想象、情感中合而为一，这是后世科技所没有的。

上述的粗略概括是想指出，"巫"的特征是动态、激情、人本和人神不分的"一个世界"。相比较来说，宗教则属于更为静态、理性、主客分明、神人分离的"两个世界"。与巫术不同，宗教中的崇拜对象（神）多在主体之外、之上，从而宗教中的"神人合一"的神秘感觉多在某种沉思的彻悟、瞬间的天启等人的静观状态中。西方由"巫"脱魅而走向科学（认知，由巫术中的技艺发展而来）与宗教（情感，由巫术中的情感转化而来）的分途。中国则由"巫"而"史"，而直接过渡到"礼"（人文）、"仁"（人性）的理性化塑建。

因此，下一个问题就在"巫"是如何理性化的？

由"巫"而"史"

由"巫"而"史"是关键所在。这当然又是一个漫长而复杂的过程，如今已很难具体知晓。下面只就所能猜测的现象，做些假设论断。

在中国上古文献和考古材料中，以卜筮的记录最为显赫。卜、筮与巫直接相关，是由巫所发展出来的静态形式。"巫咸作筮"（《世本》）。"（巫）像布策为筮之形，乃筮之本字。……筮为巫之道具，犹规矩之于工匠。"①据考古材料，龙山文化、二里头文化即有被烧灼作占卜用的（牛、羊、鹿）卜骨。②龙山时期已有骨卜。龟卜是由骨卜演化而来的。而筮又由龟卜演变而成。饶宗颐认为龟（卜）、筮均有数，"龟属于生数，筮属之成数。"③这里重要的是，尽管卜、筮已由群体（或个体巫师）的动态活动演化而为个体静态的数字演算，但它们保存了上述"巫的特质"：

1. 卜、筮服务于人事，主要服务于王的政治活动，世俗性

---

① 《金文诂林》，1975，转引自张光直《中国青铜时代二集》，第42页。又：《周礼》"九筮之名，一曰巫更，二曰巫咸，三曰巫式，四曰巫目，五曰巫易，六曰巫比，七曰巫祠，八曰巫参，九曰巫环"。可见巫筮相连相通。

② 《中国通史》第二卷（苏秉琦主编），第340页，上海人民出版社，1994。

③ 《饶宗颐史学论著选》，第52页，上海古籍出版社，1993。值得注意的是鬼（"游魂为变"）神（"精气为物"）也被纳入数字计算（九、六；七、八）中。

和实用性很强烈很明显，仍非心灵慰安之类。它与巫君的政治统治密不可分。"筮者，先圣王之所以使民信时日，敬鬼神，畏法令也。……故曰疑而筮之，则弗非也；日而行事，则必践之。"（《礼记·曲礼上》）

2. 卜、筮有一整套复杂繁难的技巧规范，特别是数字演算的复杂系统。

3. 卜、筮均为预见未来，它不单纯是祈祷，而是向祖先（神）提问，要求回答（并且常常是必须回答即必有回答），以解决疑惑，决定自己的行动，趋吉避凶。"蓍之德圆而神，……吉凶与民同患，神以知来，藏以知往"（《周易·系辞》）。它的主动性、前瞻性（"先见之明"）很突出，而且卜筮本身即神的显露，它即"神示"。"神"仍在此活动中，而并不重其对象性的存在。

4. 卜、筮虽为理知性、认知性很明显的活动，仍饱含情感因素。**"诚则灵"为根本准则**，即要求卜筮者、卜筮活动以及卜筮服务对象（王）**必须进入和呈现畏、敬、忠、诚等主观情感状态**，它们具有关键性质。在这里，情感、想象与理知是交织混同一起，它不是逻辑认识，而更多审美敏感。

如此等等，都与前述巫术活动相同或相通。

但筮的一大特色在于数字演算。卜骨中已有成组数字，数的出现意味着替代巫的狂热的身体操作活动，人们开始以个体进行的远为客观、冷静和认知因素极强的数字演算，来明吉凶、测未来、判祸福、定行止。在初期，数字常与图像相连，是某种"象数相倚"（王夫之）的图像—数字系统。它的成熟形态就是所谓"河图"、"洛书"、八卦和周易。"河图"、"洛书"究竟是什么？与卜筮是何关系？学者聚讼纷纭，兹暂不论。但"筮"、"数"、"占卜"与八卦、周易①直接攸关，却为古今所公认。虽说法各异，意见不一，却各种材料甚多，姑引一二：

"夫易，古（占）物定命。"（《马王堆帛书》）

"天一地二天三地四天五地六天七地八天九地十。天数五，地数五。……凡天地之数五十有五，此所以成变化而行鬼神者也。"（《周易·系辞》）

"自伏羲画八卦，由数起。"（《汉书·律历志》）

"筮，数也。"（《左传·僖公十五年》）

"请问数安从出？商高曰，数之法出于圆、方。圆出于方，方出于矩……方属地，圆属天……知地者智，知天者圣。智出于勾，勾出于矩。"（《周髀算经》）

王（巫）字亦工匠所持规矩（数学、几何工具），商周时代，巫就是数学家。由此似可猜测，传说中所谓诸"圣人"作"河图"、"洛书"，作八卦、作周易等等，正表明巫师和巫术本身的

---

① 尚秉和《周易尚氏学》："易者，占卜之名"，"说者以简易、不易、变易释之，皆非。"第1页，北京，中华书局，1980。陈亚军："易有太恒……八卦生吉凶，讲的就是由北辰、天地、四象、八节气而转换为八卦以定吉凶这样一个完整的占筮操作程序。"（《道家文化研究》第三集，第92页，上海古籍出版社，1993）

演变发展。这也就是"巫术礼仪"通过"数"（筮、卜、易）而走向理性化的具体历史途径。包括《周易》中的"天地定位，山泽通气，水火相济，雷风相薄"等似乎是外在对象的客观描述，其实可能即来自巫术活动中对各种自然事物的想象性的驱使（今日小传统中犹有此种驱使自然对象的巫术残存）;《周易》中的"左旋知往，右旋知来"恐亦来自原巫术中身体动作的"左旋"、"右旋"。已有学者论证八卦本与巫术舞蹈密切相关。[1]总之，本在巫术礼仪中作为中介或工具的自然对象和各种活动，都在这一理性化过程中演化而成为符号性的系统和系统操作。它日益**对象化、客观化、叙事化**，却又仍然包含有畏、敬、忠、诚等强烈情感和信仰于其中。值得注意的是，在此巫术活动演化为数字演算的符号活动中，仍然没有独立、至上的人格神观念的出现。相反，明显表现出的，仍然是人在神秘演算中的主导权和主动性。

与"巫"一样，但卜筮更突出了与君王活动特别是政治活动的联系，因之便记录、保存也声张着某些重大政治军事事件的经验。也就是说，不可思议、难以解说的"神意"、"天示"与人们（氏族、部落、酋邦）的历史事实和经验越来越相互组接渗合，"神意"、"天示"越来越获有某种经验的理性范例和解

---

[1]　参见周冰:《巫·舞·八卦》，北京，新华出版社，1991。

说。《周易》爻辞卦辞中保存了好些史实,[1]它们作为历史的经验,已与"神示""天意"混为一体。这也正是"由巫而史"的理性化过程的具体表现。巫术的世界,变而为符号(象征)的世界、数字的世界、历史事件的世界。可见,卜筮、数、易以及礼制系统(详下)的出现,是由巫而史的关键环节。陈梦家说,殷代大量卜辞乃"王室的档案",[2]李镜池说:"(周易)卦、爻辞乃卜史的卜筮记录。"[3]前人也早说过:"周之世官,大者史。史之外,无有语言焉,史之外,无有文字焉。……易也者,卜筮之史也"[4](龚自珍),"天地、鬼神、灾祥、卜筮、梦之备书于策者,何也?此史之职也"[5](汪中)等等。

《礼记·礼运》说,"王前巫而后史"。说的大概是空间。我愿将此释为时间,即将"史"视作继"巫"之后进行卜筮祭祀活动以服务于王的总职称。庄子说:"古之人其备乎,配神明,醇天地,育万物,和天下,泽及百姓,明于本数,系于末度。六通四辟,小大精粗,其运无乎不在。其明而在数度者,旧法世传之史,尚多有之。"(《天下》)即此之谓。总之,一方面,"史"即是"巫",是"巫"的承续,"祝史巫史皆巫也,而史

---

① 可参阅顾颉刚《周易卦辞中的故事》等论著。

② 陈梦家:《殷墟卜辞综述》,第 636 页,中华书局,1988。

③ 李镜池:《周易探源》,第 21 页,中华书局,1978。

④ 龚自珍:《古史钩沉说二》。

⑤ 汪中:《述学·左氏春秋释疑》。

亦巫也"；①另方面，"史"又毕竟是"巫"的理性化的新阶段，特征是对卜筮——"数"的掌握。

其中，非常重要的一点是，"史"与"巫"对天文、历法的掌握，这就是所谓"识天象"与"知天道"。考古发现，仰韶早期墓葬中已有惊人的天文知识。它本与"巫术礼仪"相结合，是"巫"的重要内容。"数术者，皆明堂羲和史卜之职也"（《汉书·艺文志》），羲和之官，出自巫史。《礼记·月令》中星座与祖先合祭。星宿变化可用占卜测之以定人事吉凶，凡此种种，便是与祖先崇拜（祭祀）直接相关的巫术活动的遗迹。②文献大量记载"巫"与"史"与"知天道"有关。"吾非瞽史，焉知天道。"（《国语·周语下》）"昔之传天数者，高辛之前重黎，……殷商巫咸，周室史轶苌弘。"（《史记·天官书》）以及《尚书·舜典》记日月星辰岁时，《国语·周语》记武王伐纣的大量天文历象，都是展示天象与人事，"天道"与人道直接关联。所谓"爰有大圜在上，大矩在下，汝能法之，为民父母"（《吕氏春秋·序意》），天地、政治、人事、鬼神通由卜筮数字互相牵连制约，而最终由王掌握。"知天"是为了治人，天人相通合为一体，仍然是"巫的特质"的延伸。"尧则天，禹敷土"是中国上古史的两大事件。"禹敷土"是治平洪水；"尧则天"显示在治水前的年代便有对天象的测定、

---

① 陈梦家：《商代的神话与巫术》，《燕京学报》第 20 期，第 535 页，1936。

② 天文与人事相关，可参阅《史记》中的历书、天官书等。

遵循和使唤。"尧"作为儒家的第一圣君，正因为他是大巫师能"则天"。"则天"当然有数字演算，因此又与历法相连。[1]这些都显示出原巫术活动通由数字演算而秩序化、程式化的理性途径。天象、历数乃上古显学。《周礼·天官》说，"史，掌官书以赞治"。"史"之所以能"赞治"，也就是因为"史"知"天意"，而与人事相连。

除了上述历史经验和天象历数两大因素外，"巫术礼仪"的理性化还有另一因素不容忽视，这就是军事活动。"国之大事，在祀与戎"。祭祀（祖先）仪典与军事行为是上古君王所领导从事而关乎整个氏族、部落、酋邦生死存亡两件最为重大的活动。在新石器时代早期的红山文化中，已"一致显示神、军权集于一人的事实"。[2]中国上古战争之多，规模之大，恐为世界史上所少见。"自剥林木而来，何日而无战？大昊之难，七十战而后济；黄帝之难，五十战而后济；……牧野之战，血流漂杵。"（罗泌《路史》）中国兵书成熟之早，就是明证，因为它是无数战争经验的结晶。在远古和上古，战争的领导者是集神权、王权、军权于一身的大"巫"，但战争的胜负，客观上很大程度却取决于能否理性地策划和制定战略战术。我曾强调说过："只有在战争中，

① 费正清、赖肖尔主编的《中国：传统与变革》认为"总祭司"是历法的制定者，兼有宗教、世俗两重权力。第20页，南京，江苏人民出版社，1992。
② 苏秉琦：《华人·龙的传人·中国人》，第111页，沈阳，辽宁大学出版社，1994。

只有在谋划战争、制定战略、判断战局、选择战机、采用战术中，才能把人的这种高度清醒、冷静的理知态度发挥到充分的程度，才能把它的巨大价值最鲜明地表现出来。因为任何情感（喜怒）的干预，任何迷信的观念，任何非理性的主宰，都可以立竿见影地顷刻覆灭，造成不可挽回的严重后果。必须先计而后战，如果凭感情用事，听神灵指挥，可以导致亡国灭族，这是极端危险的。所以《孙子兵法》一开头就说：'兵者，国之大事，死生之地，存亡之道，不可不察也'。"①孙子还说："明君贤将所以动而胜人，成功出于众者，先知也。先知者，不可取于鬼神，……必取于人。"作为领导、负责军事行动的"巫"、"君"，其从事的"巫术礼仪"自然不能不受到这一方面经验教训的制约影响，从而使原巫术活动中的非理性成分日益消减，现实的、人间的、历史的成分日益增多和增强，使各种神秘的情感、感知和认识日益取得理性化的解说方向。战争经验在这方面起了重要作用，这是非常重要的一点。

中国思想历史的进程"由巫而史"，日益走向理性化，而终于达到不必卜筮而能言吉凶，有如荀子所讲"善为易者不占"的阶段。"易"本即是占卜，为"易"而不占，这就要到周公特别是孔子的时代及以后了。

---

① 《中国古代思想史论》，第 79 页，北京，人民出版社，1985。

"德"与"礼"

到周初，这个中国上古"由巫而史"的进程，出现了质的转折点。这就是周公旦的"制礼作乐"。它最终完成了"巫史传统"的理性化过程，从而奠定了中国文化大传统的根本。

"德"和"礼"是这一理性化完成形态的标志。

文献中，周初以"敬德"、"明德"著称。周金中多见"德"字。"德"作何解，众说不一。我以为，它大概最先与献身牺牲以祭祖先的巫术有关，是巫师所具有的神奇品质，[1]继而转化成为"各氏族的习惯法规"。[2]所谓"习惯法规"，也就是由来久远的原始巫术礼仪的系统规范。"德"是由巫的神奇魔力和循行"巫术礼仪"规范等含义，逐渐转化成君王行为、品格的含义，最终才变为个体心性道德的含义。

周初讲的"德"，处于第二个阶段上，"德"在那里指的是君王的一套行为，但不是一般的行为，而主要是祭祀、出征等重大政治行为。日久天长，它与祖先祭祀活动的巫术礼仪结合

---

① 参阅 B. Schwartz: *The World of Thought in Ancient China*; David Hull and Roger Ames: *Anticipating China* (SUNY，1995) 等著作。

② 《中国古代思想史论》，第 86 页，北京，人民出版社，1985。

在一起，逐渐演变而成为维系氏族、部落、酋邦生存发展的一整套的社会规范、秩序、要求、习惯。也就是说，"德"首先是与"祀"、"戎"等氏族、部落、酋邦重大活动相关的非成文法规。"德"在周初被提到空前的高度，与周公当时全面建立以王的政治行为为核心的氏族—部落—国家的整套规范体制即"制礼作乐"有关。这个"制礼作乐"的"德政"可分为内外两个方面："敬"与"礼"。

"敬"即畏敬，包括恐惧、崇拜、敬仰种种心理情感。周初文诰中多"敬"字。它源于上古的"巫术礼仪"，是原始巫术活动中的迷狂心理状态的分疏化、确定化和理性化。但一直到孔子和《论语》一书，"敬"仍然保留了对神明的畏惧、恐怖、敬仰的情感特征。这种对神明的"畏敬"，恰恰有着巫术礼仪的特质精神。我愿引用徐复观和牟宗三对"敬"的特征描述。徐复观说："周初所强调的敬的观念，与宗教的虔敬，近似而实不同。宗教的虔敬，是人把自己的主体性消解掉，将自己投掷于神的面前而彻底皈依于神的心理状态。周初所强调的敬，是人的精神，由散漫而集中，并消解自己的官能欲望于自己所负的责任之前，凸显出自己主体的积极性与理性作用。"牟宗三说："在敬之前，我们的主体并未投注到上帝那里去，我们所作的不是自我否定，而是自我肯定（sel-affirmation）。仿佛在敬的过程中，天命、天道愈往下贯，我们主体愈得肯定。"①也就是说，原典儒学讲的"敬"，不是如宗教（如西方基督教）那种否定自身（人）去投入上帝，而是感到自身生命、存在由于与神同一而获得肯定。徐、牟用上述话语所描述的这种"中国哲学的特质"，其实来源正在于巫术礼仪中的心理认识—情感特征：它不是指向对象化的神的建立和崇拜，而是就在活动自身中产生人神浑然一体的感受和体会。从而，从这里生发不出"超越"（超验）的客观存在的上帝观念，而是将此"与神同在"的神秘畏敬的心理状态，理性化为行为规范和内在品格。这也就是由**巫术力量（magic force）逐渐演化成为巫术品德（magic moral）**。这即是"德"的内向化或内在化，而最终成为首先要求于政治首领的**个体品德力量**。这也就是后世道德的张本。简言之，即原始巫君所拥有与神明交通的内在神秘力量的"德"，变而为要求后世天子所具有的内在的道德、品质、操守。这种道德、品质、操守，仍然具有某种自我牺牲、自我惩罚、自我克制（如祭祀时必须禁欲、斋戒等等）特色，同时它又具有魔法般的神秘力量。所有这些，便都是原巫术礼仪的遗迹残痕。

"德"的外在方面便演化为"礼"。"夫德，俭而有度，登降有数，文、物以纪之，声、明以发之，以临照百官，百官于是乎戒惧，

---

① 徐复观：《中国人性论史》，第 22 页；牟宗三：《中国哲学的特质》，第 20 页。

而不敢易纪律。"（《左传·桓公二年》）这也就是"礼"。郭沫若说："礼是由德的客观方面的节文所蜕化下来的。古代有德者的一切正当行为的方式汇集了下来便成为古代的礼。德的客观上的节文，……是明白地注重在一个敬字上的。"①《说文》："禮，履也，……从示从豐。""示，神也。"可见"礼"本是巫君事神衷心敬畏的巫术活动。例如前述的"禹步"。这当然也是巫君的最大德行。德、巫、礼本紧密相连。《礼记·祭统》："礼有五经，莫重于祭。""礼"首先是从原巫术祭祀活动而来，但经由历史，它已繁衍为对有关重要行为、活动、语言等一整套的细密规范。"夫祭有十伦焉，见事鬼神之道焉，见君臣之义焉，见父子之伦焉，见贵贱之等焉，见亲疏之杀焉，见爵赏之施焉，见夫妇之别焉，见政事之均焉，见长幼之序焉，见上下之际焉。"（《礼记·祭统》）"祭"作为巫术礼仪，使社会的、政治的、伦理的一切秩序得到了明确的等差安排。因为祭祀主要对象是祖先，从而与祖先因血缘亲疏关系不同，而有不同的等差级别的区分。这种区分严格呈现在祭祀的仪式、姿态、容貌、服饰等具体形式规范上。这就是所谓"**礼数**"。"礼"也是一种"数"。《礼记·郊特牲》："礼之所尊，尊其义也。失其义，陈其数，祝史之事也。故其数可陈也，其义难知也。知其义而敬守之，天子所以治天下也。"

---

① 郭沫若：《青铜时代·先秦天道观的发展》，见《沫若文集》卷 16，第 25 页，北京，人民文学出版社，1962。

这里所谓**"数"，也就是指上述规范化了的各种秩序、过程、行为、规矩等种种细节。**"其义难知"，就是一方面如荀子所说"（礼）未有知其所由来者也"，另方面，天子必须掌握了解它的"意义"，才好治理天下。"礼"作为非成文的规范，所谓嘉、凶、吉、宾、军五礼，以及所谓"经礼三百，曲礼三千"等等，既是严格要求的各种行为规范的仪文细节，又是具有严重神圣意义的道理。在这里，"礼"就成了"理"。《礼记·仲尼燕居》："礼也者，理也。"《礼记·乐记》："礼也者，理之不可易者也。"它囊括了人的公私生活的各个领域。大到"朝廷"的官职分工、等级秩序（《周礼》），以及"分封"、"嫡长继承"等政治体系，[1]小到个人（主要是氏族贵族）起居饮食，应对进退（如《仪礼》所规范），所有这些无不缕举列述，给予明确准则，这也就是"礼数"。这"礼数"原出于巫术活动中的身体姿态、步伐手势、容貌言语等等。它的**超道德的神圣性、仪式性、禁欲性都来自巫。**孔子说，"周监于二代，郁郁乎文哉。"[2]周公通过"制礼作乐"，将上古祭祀祖先、沟通神明以指导人事的巫术礼仪，**全面理性化和体制化，**以作为社会秩序的规范准则，此即所谓"亲亲尊尊"的基本规约。"亲亲之杀，尊贤之等，礼所生也"（《中庸》）。可见，所谓"德治"

---

[1] 唯嫡长子享受祭祀大权，此即原始巫君制的遗迹。"天子祭天地四方五祀，诸侯祭山川，大夫祭五祀，士祭祖先"，均由嫡长子履行或担任主祭。

[2] 《论语》。本文中所引孔子语均见《论语》，以下不再注明。

也就是"礼治"。"由巫而史"的"数"，就不仅是筮卜，而且也包括"礼数"。**这也就是为什么由"礼数"所建立的人际世间关系**（夫妇、父子、君臣……），**却具有神圣性质的根本原因。**"礼"既是"数"，又是"理"，又具有神圣性质。它包罗万象，沟通天人，替代了巫术、卜筮，成为"推定人的吉凶祸福"的理性判断，是中国伦理、政治、宗教三合一特征的坚实基础。① "礼"由巫术礼仪，演化至天地人间的"不可易"的秩序、规范（"理"），这一人文化、理性化的进程，也就大体完成。

与大讲"德"、"敬"、"礼"的同时，周初突出了作为主宰力量的"天命"、"天道"的观念。如前所述，由于巫术礼仪中的神明是在过程而非对象，延续到这里，"天"即是"天道"、"天命"，而不是有突出意志、人性的人格神。相反，它与人可以测度理解的"四时行焉，百物生焉"等自然秩序倒混同在一起。于是，"天道"、"天命"的基本特征是：永远处于行动中、变化中，与人的生存、生命、活动、行为相关联。在中国，"天道"与"人道"是同一个"道"。"天"、"天道"、"天命"、"天意"总是存

---

① 徐复观："在过去，监察人的行为，以定人的祸福的是天命，是神；现在则不是神不是天命，而是礼。《左传》由礼以推定人的吉凶祸福，说得几乎是其应如响。"（《中国人性论史》，第 50 页）从《周礼》、《左传》到董仲舒天人图式的"官制象天"，巫术礼仪中的天人交织的有机世界观，通由政治化的确定性、系统性的安排，使宇宙天地也秩序化了。如《周易》、《礼记》所说"卑高以陈，贵贱位矣"，"礼者，天地之序也。序，故群体有别"等等。这便是中国宗教、政治、伦理三合一的持续特征。

在和呈现在"人道"之中。从而，此"道"很难成为超验对象，而只能是呈现在"生生不息"的大化流行中，在人及万物的生命、生长中，在君王的德政和礼制中，在"天行健，君子以自强不息"的人生奋斗中。《尚书·周书·蔡仲之命》说"皇天无亲，唯德是辅"，《诗经·周颂·维天之命》说："维天之命，於穆不已，於乎不显，文王之德之纯。"朱熹注："天命即天道也。不已，言无穷也。以此亦祭文王之诗。""天道"、"天命"不仅与人在一起，而且人（君王）的德政善行还能使"天道"、"天命"归属于他。由此可见，第一，与巫术活动一样，人的主动性非常重要，它可以影响甚至决定"天命"、"天道"的归属与否。第二，与巫术中的"神明"一样，"天"作为"天道"、"天命"，是功能性观念，而不是通过实体（substance, entity）来了解和建立的有鲜明意志和个性的人格神。《礼记·表记》说"周人……事鬼敬神而远之"，孔子说，"敬鬼神而远之"，都是这个意思。"鬼神"作为人格，总是迷信的对象，而并非那运行流动富有生命力的"天命"、"天道"。

"天垂象，见吉凶，圣人象之。河出图，洛出书，圣人则之。"（《周易·系辞》）《说文》："圣（聖），通也，从耳。"所谓"从耳"即"闻天道"。而口则是发号令，所以，"圣"也即是"王"。（《易传》："圣人之大宝曰位。"）"圣"一方面通神明（内），另一方面治百姓（外），这也就是"内圣外王"的来源。正如《易传》

所描述："夫大人者，与天地合其德，与日月合其明，与四时合其序，与鬼神合其吉凶。先天而天弗违，后天而奉天时，天且弗违，而况于人乎？况于鬼神乎？"这岂不是一幅相当清晰而完整的神通广大的大巫师（巫君）的标准形象？这也就是上古的"圣人"。①此外，如"圣人立象以尽意，设卦以尽情伪"，"以通神明之德，以类万物之情"，"神以知来，藏以知往"，等等等等，便都是前述的巫—卜筮—史相当准确的描述。从"巫术礼仪"的理性化过程说，它是由"巫"而"史"而"德"、"礼"。从巫师本身的理性化过程说，它是由"巫"而"圣"，由"巫君合一"而"内圣外王"，即由原始的通祖先接神明，演化而为"君子"的"敬德修业"、"自强不息"，而最终为"圣人"的"参天地，赞化育"。"圣"是"巫"的理性化的延长和放大，成为后世儒学顶礼膜拜的理想。

总起来看，"巫术礼仪"在周初彻底分化，一方面，发展为巫、祝、卜、史的专业职官，其后逐渐流入民间，形成小传统。后世则与道教合流，成为各种民间大小宗教和迷信。另一方面，应该说是主要方面，则是经由周公"制礼作乐"即**理性化的体制建树**，将天人合一、政教合一的"巫"的根本特质，制度化地保存延续下来，成为中国文化大传统的核心。而不同于西方

---

① 直到东汉《白虎通》的"圣人"，仍然是"闻声知情，与天地合德，与日月合明"等等"与神通精者"。而所谓"闻声"，亦原巫师咒语之迹。

由巫术礼仪走向宗教和科学的分途。孔子说，"女为君子儒，无为小人儒"，向无确解。我认为，这说的正是这两个方面，亦即大传统与小传统之异。孔子告诫当时儒者①不要成为民间老百姓（小人）的巫师神汉，而要成为士大夫所应承担的"圣人"礼制的守卫者和传承人。

"仁"与"诚"

拙作《中国古代思想史论》曾认为，"孔子以仁释礼，将社会外在规范化为个体的内在自觉……最为重要和值得注意的是心理情感原则，它是孔学儒家区别于其他学说或学派的关键点。"②拙作《论语今读》说："孔学特别重视人性情感的培育，重视动物性（欲）与社会（理）的交融统一。我以为这实际是以'情'作为人性和人生的基础、实体和本源。"③"世俗中有高远，平凡中见伟大，这就是以孔子为代表的中国文化

① 所谓"儒"，又一聚讼纷纭问题。白川静、Robert Eno 认为儒出于"需"，乃具有一套专门技能执行求雨礼仪的巫舞者，我同意此说。阎步克认为，"丰"（礼）乃鼓名，与舞乐和求雨有关。见 Eno：The Confucian Creation of Heaven，SUNY，1990，阎文见《北京大学学报》1995 年 5 月。二十年前我曾认为："儒、儒家之名虽晚出，但其作为与祭祀活动（从而与'礼'）有关的巫、尹史、术士之'实'却早已存在。"（拙文《孔子再评价》，见《中国社会科学》第 2 期，1980）

② 《中国古代思想史论》的"内容提要"，第 1 页，北京，人民出版社，1985。

③ 《论语今读》，第 18 页，合肥，安徽文艺出版社，1998。

精神。这种文化精神以'既世间又超世间'的情感为本源、为基础、为实在、为本体。"①从 80 年代初到 90 年代末，二十年来我所宣讲的"情本体论"，其本土根源盖亦出自此巫史传统。

以前我也反复说过，孔门儒学既非西方的哲学，也非西方的宗教，却具二者功能。其关键就在于：它是以培育塑建人性情感为主题、为核心。所以，它不止有理智、认识的一面，而且更有情欲、信仰的一面。孔子以"仁"释"礼"，强调"礼"不只是语言、姿态、仪容等外在形式，而必须有内在心理情感作为基础。"礼云礼云，玉帛云乎哉？乐云乐云，钟鼓云乎哉？""人而不仁如礼何？人而不仁如乐何？"因为当时"礼"制已完全沦为仪表形式，失去原有作为内在心理对应状态的畏、敬、忠、诚的情感与信仰，于是孔老夫子才如此大声疾呼，大讲"述而不作，信而好古"，要求追回原巫术礼仪所严厉要求的神圣的内心情感状态。但这一"追回"又并不是真正回到原始巫术礼仪的迷狂心理。因为时移世变，这既不可能，也无必要。因之孔子所要"追回"的，是上古巫术礼仪中的敬、畏、忠、诚等真诚的情感素质及心理状态，即当年要求在神圣礼仪中所保持的**神圣的内在状态**。这种状态经孔子加以理性化，

---

① 《论语今读》，第 29 页，合肥，安徽文艺出版社，1998。

名之为"仁"。孔子要求将"仁"落实在世俗的日常生活、行为、言语、姿态中。《论语》讲"仁"超过百次,每次都不同。"仁"并无概念规定,随具体情境、对象而参差出入。"仁"既远("若圣与仁,则吾岂敢")又近("仁远乎哉。我欲仁,斯仁至矣");既易("有一日用力于仁者乎,我未见力不足者")又难("回也其心三月不违仁,其余则日月至焉而已矣"),既单纯("仁者爱人")又复杂("未知,焉得仁"等等);既不是某种特定的形态,非常灵活,又与各种心态、才能(如达、果、清等等)坚决区分,相当确定。它究竟是什么?似无从达诂。看来,它乃是以亲子情(孝慈)为主轴,辐射开来却具有神圣性质的爱的人际心理的概括总称。在这里,孔子一方面关上了巫术礼仪中原有的神秘之门("未知生,焉知死"、"未能事鬼,焉能事人"),另方面却强调巫术礼仪中敬、畏、忠、诚、庄、信等基本情感、心态而加以人文化、理性化,并放置在世俗日常生活和人际关系中,**使这生活和关系本身具有神圣意义**,从而对"礼"做出了伦理心理学的重新阐释。《礼记·哀公问》:"孔子对曰:'古之为政,爱人为大。所以治爱人,礼为大。所以治礼,敬为大。……弗爱不亲,弗敬不正,爱与敬,其政之本与。'"孔子将上古巫术礼仪中的神圣情感心态,转化性地创造为世俗生存中具有神圣价值和崇高效用的人间情谊,即夫妇、父子、兄弟、朋友、君臣之间的人际关系和人际情感,以之作为政治的根本。它既世俗又神圣，既平凡又崇高，"仁"因之成了人所以为人的内在根据。这就是孔子继周公之后所做出的重大贡献。如果说周公"制礼作乐"，完成了外在巫术礼仪理性化的最终过程，孔子释"礼"归"仁"，则完成了内在巫术情感理性化的最终过程。他们两位的伟大历史地位即在于此。周孔并称，良有以也。巫术礼仪内外两方面的理性化，使中国没有出现西方科学与宗教、理性认知与情感信仰各自独立发展的局面场景。巫术礼仪理性化产生的是情理交融，合信仰、情感、直觉、理知于一身的实用理性的思维方式和信念形态。

不久前出土的郭店竹简有大量篇幅论述、描写人的情感心理，并一再强调"礼生于情"。"礼因人之情而为之"，"苟以其情，虽过不恶；不以其情，虽难不贵"；"始者近情，终者近义"。这正是原典儒学的传统。从孔子到《中庸》，到孟、荀，无不如此。特别是《中庸》的好些段落、章句，如"至诚之道，可以先知"，"不诚无物"，"唯天下至诚为能尽其性……可以赞天地之化育"，"知天地之化育，夫焉有所倚。肫肫其仁，渊渊其渊，浩浩其天。"尽管已完全抽象化、理论化，但从词句到内容，仍然清晰地折射出原巫术礼仪认为内心力量可以支配外物以至天地，既主观能动又神秘难解的原始渊源。包括《荀子》对"诚"的强调，

《礼记》对音乐能和合天地、具有强大政治功能等的夸张阐释，均同此。①

中国上古是发展得非常完备的氏族社会，其统治特重"礼乐"。"礼"以治身，"乐"以治心，即一讲外在仪文规范（礼），一讲内在心性情感（仁）。俞正燮说："通于三代以上书，乐之外无所谓学。""礼"也从"乐"出，"乐"治心比"礼"治身更为重要。儒家一直强调"得民心"。②它是中国政治、伦理、宗教三合一的内在核心：归结为心理情感，不同于希腊开始的以理性为核心的西方传统。西方的理性来自人格神的上帝；如果上帝死了，不仅情感无着，理性也无足恃。中国不然，由巫、史走向的是充满理性精神的道德—伦理本体的建立。孔子曰："君子德行焉求福，故祭祀而寡也；仁义焉求吉，故卜筮而希也。"（《马王堆帛书·要》）这不必是孔子所说，但确是将巫史理性化的原典儒学（荀学？）精神。承续此同一精神，继原典儒学之后，"值得注意的是，无论在汉儒那里或宋儒那里，无论'天'作为'气'的自然或作为'理'的精神，虽然没有完全去掉那原有的主宰、命运含义，但这种含义确乎极大褪色了。汉儒的阴阳五行的宇宙论和宋儒的心性理气的本体论从内外两个方面阻碍了'天'向人格神的宗

---

①　参阅拙著《华夏美学》第一章。

②　参阅本书附录《初读〈郭店楚墓竹简〉印象纪要》。

教方向的发展。"①从而，情感和理性都依据、归属和根基在这世间人际，此即我所谓的"实用理性"和"乐感文化"。之所以能如此,正是由于它们承继和发展了上述"巫史传统"的缘故。

道家及中国文化基本范畴

"儒道互补"。之所以能互补，是因为二者虽异出却同源，有基本的共同因素而可以相连结相渗透，相互推移和补足。所谓"同源"，即同出于原始的"巫术礼仪"。

如前所指出，巫术礼仪包含和保存着大量原始人们生活、生产的技巧艺术和历史经验。它通过巫术活动集中地不断地被温习、熟练而自觉认知。也就是说，巫术礼仪中所包含的科学认知层面，也在不断地理性化。它们最终形成各种上古的方技、医药、术数。尽管依然裹挟着各种神秘包装，但其对现实生活的直接效用，使之日渐独立而成为非常实用的技艺。其中，以兵书为标志，军事方面脱魅最早;此外，要算历法、术数、方技;再其次，可能就要算以今本《老子》为代表的"道家"了。

《老子》和"道家"甚为复杂。根据郭店出土竹简和马王堆帛书，今本《老子》实际是一个曾经不断增益更改，历时数百

---

① 《中国古代思想史论》，第 320 页，北京，人民出版社，1985。

年的合集。其中虽有不少抵牾矛盾，但整体仍自成系统，是为道家。儒、道区别在于"一仁二智"[1]。简约言之，如果儒家着重保存和理性化的是原巫术礼仪中的外在仪文方面和人性情感方面，《老子》道家则保存和理性化了原巫术礼仪中与认知相关智慧方面。如果说，《孙子兵法》概括总结了自上古以来的丰富的军事经验，那么《老子》则概括总结了自上古以来的万千邦国的兴亡历史。传说老子曾为史官，历览成败存亡之道，应有所据。上古成败存亡大都与军事胜负有关，所以我曾认为《老子》与兵家有关。[2]也只有在灭国万千并且常常是荣华富贵顷刻覆亡的历史经验的感受领悟中，才可能有"金玉满堂，莫之能守；富贵而骄，自遗其咎"等"无情辩证法"[3]的概括观念。拙著《中国古代思想史论》曾将《老子》一书分为三层，即社会层面上对复归原始氏族社会的幻想，政治层面上"知白守黑"、柔弱胜刚强等来自战争经验提升的策略、权术，而哲学层面上除上述"无情辩证法"外，又仍然保存了好些非常难解和神秘的章段。如"谷神不死，是谓玄牝。玄牝之门，是为天地根。绵绵若存，用之不勤"；"视之不见名曰夷，听之不闻名曰希，抟之不得名曰微。……绳绳不可名，复归于无物"；"惚兮恍兮，其中有象；恍

---

① 参阅拙文《世纪新梦·哲学探寻录》，安徽文艺出版社，1998。

② 参阅拙著《中国古代思想史论·孙老韩合说》，人民出版社，1985。

③ 参阅拙文《世纪新梦·哲学探寻录》，安徽文艺出版社，1998。

兮惚兮，其中有物"；"窈兮冥兮，其中有精，其精甚真，其中有信"，等等。所有这些，闪烁出的正是神秘的巫术礼仪的原始面貌。只有这样，也才好了解这些语言和描绘。从而，被今人释为所谓"本体实在"亦即《老子》一书中最为重要的观念"道"——"无"，其真实根源仍在巫术礼仪。"无"，即巫也，舞也。它是在**原始巫舞中出现的神明**。在巫舞中，神明降临，视之不见，听之无声，却功效自呈。它模糊而实在，涵盖一切而又并无地位；似物而非物，似神而非神，可以感受而不可言说；从而，"玄之又玄，众妙之门"，"自古至今，其名不去，以阅众甫。吾何以知众甫之状哉？以此"。也正是从这里，领悟而概括出"无"，并扩及"当其无，有车之用"、"当其无，有室之用"等日常生活的哲理和智慧，并与权术、战略相衔接以服务于现实生活。可见，不独儒家、孔子、《论语》、《中庸》，而且道家、老子、《道德经》，也都来源于或脱胎于上古的巫史传统，都具有"重过程而非对象"，"重身心一体而非灵肉二分"这些基本特征。

巫术礼仪不仅是儒道两家，而且还是整个中国文化的源头。除已提到的历数、方术、医药、技艺等外，中国文化中各领域所共同使用的一些基本范畴也如此。下举四项最为重要的中国文化范畴而约言之。

1."阴阳"。原意为何，各有其说。如天地、日月、男女、昼夜、向背、青铜器凹凸两面等等。阴阳出自天地，似为新出土的郭店竹简证实。但拙意仍以为阴阳最早应源起于巫术操作中的动、静两种最基本的形态。

动静既区别、对立又彼此依靠、联结，相辅相成，并永远处在变动不居的活动中；[1]神明即由此降临。所谓"一阴一阳之谓道"，"阴阳不测之谓神"，就是这个意思。至于以"阴阳"来区分天地、昼夜、日月、男女等等，则是后来这一概念对象化、叙事化即理性化的结果。"阴阳"之所以充满与人休戚相关的联系，却又不是光暗、善恶、上帝与魔鬼等对立概念，其根由也在此；它不是宗教的对象（客体）观念，而是巫术本身的活动范畴。以后用"数"来说"阴阳"，"阴阳"进入占卜等等，便正是前述巫术礼仪演化为符号活动后的一种呈现。

2. "五行"。与"阴阳"一样，"五行"来源的说法也繁多，如五方、五星、五帝、五德等等。我以为，"五行"作为天人交感的反馈系统，正是武术活动中普遍遵行的相似律的抽象化的理性产物。《周易》所谓"同声相应，同气相求"，它逐渐构成了"同类相召"的五行图式的思维方式，它是不同于逻辑思维的**类比联想的体系化**。类比联想模糊而准确，感性、多元而具创造性。它熔直观、想象、理解于一炉，非概念或逻辑思维所

---

[1]　张光直："巫字代表两件矩形器，而矩形是又画方（地）又画圆（天）的工具，也可以代表巫觋自身之内天地或阴阳的结合。"（《中国考古学论文集》，第119页）"巫觋自身"的天地阴阳，拙以为即巫术活动之动静两态。

能究尽。后世《淮南子》说，"夫物类之相应，玄妙深微，知不能论，辩不能解……或感或动"，即此之谓。"五行"由于出于巫术而具有神圣性质，上古君王"威侮"还是"敬用"五行，关系乎盛衰成败。所以它并不是客观的逻辑推理，而正是实用理性的思维方式。

3. "气"。至今此词在外文中仍难确译。它亦身亦心，亦人亦天，亦物质亦精神。既非灵魂（soul）、理性（reason）、意志（will）、形式（form），又非物质（matter）、质料（material）、经验（experience）、空气（air）。但又兼二者而有之。它既是"天地之气"，又是与人间相关联的"仁气"、"义气"等等（见马王堆《佚书》、《礼记·乡饮酒义》等）。总之，它既与自然、天地相关，又与人际、人情联系。它既属伦理（"是气也，集义所生"），又属自然（呼吸吐纳之气）。其根本特征是无处不在而又流动不居。"凡物之精，化则为生，下生五谷，上为列星。流于天地之间，谓之鬼神；藏于胸中，谓之圣人。是故民气杲乎如登于天，杳乎如入于渊，淖乎如在于海，卒乎如在于己。"（《管子·内业》）它实际是巫术活动中所感受和掌握到的那神秘又现实的生命力量理性化的提升。

4. "度"。这就是我常讲的"中国辩证法"。不是 P or $\overline{P}$，而是 $P \neq P\pm$，认为"过犹不及"，即"中庸"是也。它完全不是明确概念的语言辩论术（如希腊），而是难以言说却可掌握的实用真理。它首先是在技艺实践中所掌握、领会的那种"合理性"：

"增之一分则太长，减之一分则太短"。它不是逻辑思维、推理认识所能传达、说明，而只能通过操作、实践才可得到。所谓"运用之妙，存乎一心"。之所以如此，是因为它的本根源于巫术活动中的高难动作：只有通过这种恰到好处的高难动作，才能沟通神明。这就是"度"的本源。以后，"度"成为军事的"度"，政治的"度"，做事的"度"，做人的"度"，以及"乐而不淫，哀而不伤"情感培育的"度"。今天作为难以言说却可掌握的"恰到好处"，即那"无过无不及"的"度"，在各个领域仍然存在，这也就是"艺术"：生活的艺术，政治的艺术，艺术的艺术以及烹调的艺术等等。所以，我一直强调它是实践行动中的辩证法，而不是语言、思维中的辩证法。它也源出于巫术礼仪。

本文上述种种，都是**因陋就简极为粗糙地点触一下**，如所谓由巫而筮、史、礼制，就只是理想型的简单化的逻辑陈述，实际历史更可能是三者同时并陈，参差互进，远为多样而复杂。这尚待史家细探。本文目的只在突出论点，不求全面，希望引起人们注意这个我认为极为重要的源头和环节，从而更深入更准确地把握华夏文明的基本特质和传统精神。

（原载《己卯五说》）

"说巫史传统"补（2005）

由巫到礼

1980 年拙文《孔子再评价》提出"巫术礼仪"，1999 年拙文《说巫史传统》（下简称拙前文）有所申说。意远未尽，今稍补充。

拙前文意在论说中国文化—哲学特征来自原始巫术活动的理性化。本文仍承此说，认为这理性化的核心乃是由"巫"到"礼"。

但首先要澄清的是，我所说的"巫"，并不限于这个字。它所指的是，自人类旧石器时代以来各民族都曾有过的原始人群的非直接生产性的歌舞、仪式、祭祀活动。所以，"巫"在拙前文和本文中并不专指"巫祝卜史"，虽然也包括他（她）们。但这种专业化的"巫"及活动，如拙前文已说，相对起来，已远为次要。

从而，我所谓的"巫术礼仪"和"由巫到礼"，便是一个来源久远、非常漫长的歌舞—仪式—祭祀的历史演进过程。大概从鱼、龙时代的"三皇五帝"开始①，一直到"殷因于夏礼"，"周因于殷礼"的周公"制礼作乐"，才基本完成②，经历至少数千年以上。

拙文《孔子再评价》说，"礼"的基本特征是"原始巫术礼仪基础之上的晚期氏族统治体系的规范化和系统化"③。由各原始人群都曾有过的巫术活动，结合、统领、规划从饮食、婚姻等开始的生活习俗，转换性地创造出一整套社会秩序体系和日常生活规范的礼仪制度，我以为，这便是中国上古所独有的"由巫到礼"的理性化道路，巫的理性化的主要成果或集中体现便是礼。这也就是中国的"巫史传统"。这传统奠定了中国文化的基本精神和主要特质。

一般说来，原始巫术是非日常进行的特殊性的活动，中国上古的礼制则是人群生活的日常规范。因此"由巫到礼"的问题在于：如何由非日常活动（巫）变而为生活常规、社会秩序（礼），如何由自"绝地天通"以来为少数人垄断的活动（巫），变而为多数人首先是社会上层所普遍履行的活动（礼），如何由含有反理性的强烈的迷狂、亢奋心态（巫），变而为含有更多清

---

① 见拙文《中华文化的源头符号》。

② 也有研究者认为礼仪制度的成型是在周穆公之后，"礼"观念的形成则在春秋初期，但均不否认周公"制礼作乐"。见刘雨、邹衡、颜世安等人论著。

③ 《中国古代思想史论》，第8页，北京，人民出版社，1985。

晰、理知因素在内的"诚"、"敬"心理（礼）。

当然，这并不是说，整个礼制都来自原始巫术活动，而是说，礼制用以统帅、领引、规划社会秩序和日常规范的基本精神和主要特质来源于原始巫术活动。但这二者（"巫"和"礼"）是如何具体转换和衔接的呢？文献无征，史料缺乏，与拙前文一样，这里提出的仍然只能是猜测性的论断。

我认为，**这个关键环节在于"祭"**。"祭"的体制的确立是这个转换性的创造核心。

《孔子再评价》说："所谓'周礼'，其特征确是以祭神（祖先）为核心的原始礼仪，加以改造制作，予以系统化、扩展化，成为一整套早期奴隶制的习惯统治法规（'仪制'）。以血缘父家长制为基础（亲亲）的等级制度是这套法规的骨脊"①。拙前文则叙述了新石器时代以来的中国的祖先崇拜、君巫合一以及巫与卜筮的直接相连，指出中国上古的巫术卜筮等是以祖先神为主要对象的祭祀活动。② **《孔子再评价》文中曾征引现代鄂温克人少数民族的调查来印证周礼**；近来民族学的研究说明，以

① 《中国古代思想史论》，第 10 页，北京，人民出版社，1985。

② 拙前文已强调祖先崇拜是华夏文化的重要特征，其所以较其他文明远为牢固长久，据何炳棣的研究，是由于中国新石器时代因仰韶地区的黄土地理非"游耕"而是定居农业。如何所概括，"只有在累世生于斯死于斯葬于斯的最肥沃的黄土地带，才有可能产生人类史上最高发展的家族制度和祖先崇拜"（《读史阅世六十年》，第 423 页），我以为可信。

"关注氏族生存为最高神职"①的萨满（Shamans），"在五六千年前在黑龙江地区已经产生"②。它一方面"笼罩着巫的神影"，③"确与巫术有极密切的因缘关系"④；另一方面，又"确已具礼的雏形，萨满教祭祀也非常重视祭地以及祭地所设置的神坛"。⑤这个民俗研究与考古学对东北新石器时代红山文化（"龙的故乡"）的女神庙等祭坛祭地的研究，足以相互印证。中国上古文献"唯玉为礼"、"以玉示神"的众多记载，与红山、良渚诸新石器文化的玉器（玉龙、玉琮）发现，也以"二重证据"，指示着"由巫到礼"是以"祭"（祭祖先神）为中介而行进的。

　　重要的是，甲文显示商代每年三百六十五日天天都有祭祀占卜，或者"殷王一年之中平均两天就要祭祖一次"⑥，而且是配以天干地支即当时的天文历法知识来有顺序、有规则地进行。这意味着，**"祭"开始不同于原始人群非日常生活的巫术活动，而成为君王及上层集团几乎每日都必须进行的"日常生活"的重要组成部分**。这种围绕着对祖先神的天天祭祀的仪式和占卜，便正是"礼"的开始。"礼有五经，莫重于祭"（《礼记·祭统》）。通由"祭"，原始人群的巫术活动及其中包含的各种图腾

---

① 富育光：《萨满论》，第52页，沈阳，辽宁人民出版社，2000。

② 同上，第15页。

③ 同上，第5页。

④ 同上，第147页。

⑤ 同上，第16页。

⑥ 牟钟鉴、张践：《中国宗教通史》上卷，第95页，北京，社会科学文献出版社，2003。

崇拜和禁忌法则，开始演变成一套确定的仪式制度，它由下而上日益支配着整个社会的日常生活，最终成为人群必须遵守的规范制度。

拙前文认为，"巫君合一"、"王为首巫"是巫史传统理性化的另一个重要因素。其原因则是中国上古战争极其繁剧。例如，禹时号称"万国"（"禹令诸侯于涂山，执玉帛者万国"，《左传公哀·七年》）到周武王伐纣便只剩"八百诸侯"。新石器时代的考古学家指出："龙山时代的王权的势力超过了神权，究其原因，一是战争的需要……二是天、祖的崇拜"，"现在可以确认的是，由战争产生的军事指挥权，经过长期的发展，演变成为王权"[1]。王权由军权而产生，"巫君合一"不仅表现出世俗王权日益优越于巫术神权[2]，最重要的是，由于军事和战争所要求规则性、秩序性以及等级性亦即理性化的各种因素的影响和渗透，使原来的巫术—祭祀活动中的内在心理和外在仪式也日益体制化、次序化、规范化和定型化。"国之大事，在祀与戎"（《左传·成公十三年》）。其实中国上古的真正秘密却在于"戎"与"祀"的关联。我一直认为，战争在中国上古文化和思想的形成中起了非常重要的作用，它是中国上古思想走向理性化的一个基础或原因。这不只在"由巫到礼"的过程中，而且还在后世道家、

① 张忠培：《关于中国文明起源与形成研究的几个问题》，《中原文物》2002 年 5 月。
② 甲文显示商王享有独自卜问、验视和作最后解断的最高神权。

法家的产生形成中。①

与兵家总结战争胜负、国（古国、方国）②族（氏族、部落）存亡的历史经验直接相关，拙前文论说了"由巫而史"，即由于结合历史经验，使巫术活动和占卜筮卦时神意的阐释日益经验化，这也是一种理性化。徐复观说，"殷代政治经验的传承，大概是靠着巫；周代以后靠着史"③。这里的"政治经验"，当然包括作为主要经验的战争——军事的经验。作为所谓"史官"的老子便是"历记成败、存亡、祸福、古今之道"（《汉书·艺文志》）。《老子》中"金玉满堂，莫之能守"便与战争经验相关。

除了家国存亡的战争经验，当然还包括其他方面的经验和知识。"王曰：是良史也……是能读三坟五典八索九丘"（《左传·昭公十二年》），孔安国《尚书序》解说道，"伏羲、神农、黄帝之书谓之三坟。少昊、颛顼、高辛、唐、虞之书，谓之五典……八卦之书，谓之八索……九州之志谓之九丘"。这正是一大堆自远古而来包括卜筮、天文、地理、技术等等的各种材料，它们似乎组编成某种系统，而为巫史们所掌握。就整体说，这个"巫"、"史"的理性化过程，有如童恩正所说：

---

① 拙作《中国古代思想史论·孙老韩合说》。

② 据苏秉琦说。

③ 徐复观：《中国思想史论集》，第139页。

当中国黄河流域的古代部族经历了长达百万年的原始启蒙时代而向文明社会过渡时，最笼统地来讲，需要两个领域内条件的成熟：一是物质的领域，即生产经济必须达到一定的水平；二是上层建筑的领域，即社会制度的改变以及孕育、推进和维护这一新制度的意识形态。如果巫在前一领域之内的作用是间接的话（但也并非可有可无的），那么在后一个领域中的作用，就是直接的，有时甚至是决定性的了。就中国的情况而言，我们可以说，没有巫师集团的"制礼作乐"，就可能没有现在我们所能观察到的所谓带有"中国特征"的古代社会。

从夏代开始，当中国的文明终于出现，国家组织形成以后，巫师的后继者祭司集团就构成了中国历史上第一个知识分子集团。由于他们的最高领袖就是世俗的国王，所以他们既是政治上的统治者，经济的指导者，与此同时，又是一切精神财富的保存者。如果我们研究这一时期的政治史和经济史时，忽视了祭司集团通过宗教活动对社会产生的深远影响，那么这种研究，必将是有缺陷的。

科学的发展，必然带来新学科的独立；而制度的进步，也必然表现在职务分工的细密。于是随着时间的推移，我们可以看到各种专职人员逐步从祭司集团中分化出来，过去由巫师总揽的很多知识，现在都成了新的学科，并且按照自己的科学规律，向前发展。即使在宗教事务的内部，神职人员也只能各司其职。由一个人包括万象的时代，已经一去不复返了。于是我们在此可以看到一个矛盾的现象：一方面是远古巫术的衰落；而另一方面，又是远古巫术所包括的内容的发扬光大。很多在原始社会还处于原始状态并为巫师所独家掌握的科学和制度，在历史时代都成熟起来，正规化起来，从而达到了前所未有的高度。即使从宗教的角度而言，巫术崇拜的很多内容，都渗透进了以后的制度性宗教之中，如道教、佛教等，而继续发挥其效力，正如戴维·霍金斯（D.Hawkes）所言：非常明显，中国古代的巫师是多种艺术的大师，也是文化的保有者。不过随着世纪的推移，随着巫师地位的下降，其他的专门家逐渐取代了他们的地位，于是"巫"一词的内涵也就日益变得单纯起来。在研究中国的"巫"的历史时，学者们很容易忘记一点，这就是"巫"的功能的缩小并非一定意味着"巫术崇拜"的消失，在有些情况下，它不过是表明专业分工在"巫"的内部逐渐成长而已（*The Songs of the South*）。①

---

① 童恩正：《中国古代的巫术崇拜及相关问题》，打印稿。

中华文明以及"国家"的形成并不始于夏代，巫的"衰亡"和"发扬"也不仅在后世各宗教的渗透以及专业分工，童文充分肯定了"巫"在上古中国文化中的核心地位，但他和Hawkes以及其他一些重视中国上古巫术的论者一样，都未能明确提出巫在中国大传统的实质性的承继、沉淀和存留，即我所谓的这个"由巫到礼"的问题。

"礼"字晚出。但实际的来源却非常久远。"中国的礼大致起源于公元前3000年至前2000年这一段时间里"，① "礼起源于原始先民的仪式活动"②。而"仪"字则确乎早有。"礼"、"仪"两字本可等同交换，如"经礼三百，曲礼三千"（《礼记·礼器》）与"礼仪三百，威仪三千"（《中庸》）。所谓"是仪也，非礼也"（《左传·昭公二十五年》）和"礼云礼云，玉帛云乎哉"（《论语·阳货》），是后世"礼崩乐坏"即仪式活动完全形式化、表面化，从而要求追回神圣内容对"礼"作本质界定，而绝非上古本有此区分。在上古，"礼"即是"仪"，"仪"即是"礼"。

"仪"是什么？《周易·渐卦》："上九，鸿渐于陆，其羽可用为仪，吉。""仪"是装饰舞蹈的羽毛。亦即拙著《美的历程》第一章所讲的"原始歌舞"：人群插着羽毛在歌舞祭祀，此即原始的"礼仪"，也即是巫术活动。《美的历程》曾引著名的马家

---

① 杨志刚：《中国礼仪制度研究》，第13页，上海，华东师范大学出版社，2000。

② 同上，第7页。

窑彩陶盆作例指出这"歌舞"并非娱乐,它有巫术魔法的作用和意义。《诗经·大雅·假乐》说,"威仪抑抑,德音秩秩",《左传》说,"有威而可畏谓之威,有仪而可象谓之仪"(《左传·襄公三十一年》),说的便是这种插羽毛或其他饰物有鲜明形象标志的仪式活动,具有深可畏惧的神圣性质。好些研究者以良渚玉器纹饰的"神人兽面"纹饰相当"皇"的"冠冕",论证"皇"的原始本义。它正好印证文献上所谓"皇"是"杂五采羽毛如凤皇色,持以舞"(《周礼·春官》郑玄注),"有虞氏皇而祭"(《礼记·王制》),郑玄注:"皇,冕属也,画羽饰焉",说明着原始的"仪"、"礼"、"皇"作为巫术歌舞的同一性质。本来,原始巫术就是一种群体性的仪式活动。

《说文》又说,"仪,度也。"段注:"度,法制也。毛传曰:仪,善也。又曰,仪,宜也。"这个作为"仪"的概念界定的"度"、"宜",恰恰便是先于"礼"字出现的"义"字。"义"来源于"仪"[1]。"义,己之威仪也。"(《说文》段注:"威义连文不分者,随处而是,……义之本训谓礼容各得其宜,礼容得宜则善矣。")这意味着,"义"的本意是指在巫术—祭祀的礼仪活动中行为、举止、容貌、语言的适当、合度。如《孔子再评价》和拙前文所指出,各民族

---

[1] 关于"仪"、"义",参阅贾晋华"*A New Interpretation of Yi*"一文(打印稿),我采用了此义某些论点,但不同意"仪"与"义"在本源上不同。并承贾教授绍介,参阅了杜金鹏《说皇》、浙江省文物考古研究所《余杭瑶山良渚文化祭坛遗址发掘简报》两文,谨此致谢。

的巫术活动都有各种复杂繁多的规矩和禁忌，这其实就是"义"
的本意。"义"通过巫术礼仪成为原始人群所必须遵循履行的非
成文的法规（law）、正义（justice），而特别是义务（obligation）。
所谓"礼从宜"（《礼记·曲礼》），所谓"义以为质，礼以行之"（《论
语·卫灵公》），均此之谓。通由祭祀活动，原始巫术活动已演
变转化成为人群有义务遵行的礼仪制度；这就是中国上古特有
的"上层建筑和意识形态"。张光直曾以青铜器论说商代政治权
力建立在神圣仪式之中[1]。这种神圣仪式的最终的系统化、完
备化和定型化就是周公的"制礼作乐"："周公相成王，王道大
洽，制礼作乐，天子曰明堂辟雍，诸侯曰泮宫。郊祀后稷以配天，
宗祀文王于明堂以配上帝。四海之内各以其职来助祭。天子祭
天下名山大川，怀柔百神，咸秩无文。五岳视三公，四渎视诸侯。
而诸侯祭其疆内名山大川，大夫祭门、户、井、灶、中霤五祀，
士、庶人祖考而已。各有典礼，而淫祀有禁。"（《汉书·郊祀志》）

　　综上所述，所谓"制礼作乐"便是将虽有久远历史却未有
定型规范的原始歌舞即巫术活动，通过以祭礼为中心，结合日
常生活习俗，延蔓发展，最终造成了"经礼三百，曲礼三千"，
即一整套秩序井然的非成文的法规准则。它由上而下，严密地
笼罩了包罗了整个社会生活的方方面面。

---

[1]　参阅张著《中国青铜时代二集》。

现在，我们起码还能列出八九十项：

一、人生礼仪：祈子礼、胎教之礼、出生礼、命名礼、保傅礼、冠礼、笄礼、公冠礼、昏礼、仲春会男女礼、养老礼、丧礼、奔丧礼、祭礼、教世子礼、妇礼。

二、生产礼仪：籍礼、射礼、蚕桑礼、养兽礼、渔礼、田猎之礼、献嘉种礼、御礼、货礼、饮食之礼。

三、交接之礼（即宾礼和嘉礼）：士相见礼、乡饮酒礼、燕礼、乡射礼、大射礼、聘礼、公食大夫礼、觐礼、投壶之礼、大盟礼，宗、遇、殷、见之礼，脤膰贺庆之礼。

四、祭礼：郊礼、禘礼、春祈谷礼、类祭、封禅礼、大雩礼，迎春、迎夏、迎秋、迎冬之礼，祭地、祭日、祭月、祭星、祭司命司中、祭四望、祭山林川泽、祭社稷、明堂祀五帝、四时宗庙之祭、释菜礼、释奠礼、祭先卜礼、占梦礼、祀高禖礼、巫降礼、迁庙礼、衅庙礼、祭五祀、祈桑蚕、祈麦实、尝新荐食礼、蜡祭礼、祭表貉、祃祭，祭在其地无主后者。

五、凶礼：丧礼（以丧礼哀死亡）、荒礼（以荒礼哀凶札）、吊礼（以吊礼哀祸灾）、襘礼（以襘礼哀围败）、恤礼（以恤礼哀寇乱）

六、军礼：大师之礼、大均之礼、大田之礼、大役之礼、大封之礼。

七、其他：宫室落成礼、巡狩礼。①

之所以摘引这些，是为了指出，非日常活动的"巫"已变为社会生活的"礼"。少数巫师、巫君所垄断的巫术歌舞已变而为上层社会并不断扩及整个社会的礼仪制度。这个制度从生到死、从少到老明确规定了一切行为事务的规矩尺度。这就是对社会对人生的"治理"和"统治"。"礼者，何也，即事之治也，君子有其事，必有其治"（《礼记·仲尼燕居》）。王国维《殷周制度论》注意的是周初"制礼作乐"所奠定的伦理—政治制度，我所注意的是"制礼作乐"通由祭祀为源起和中心,对人群生活、社会规范的系统制度的构建和完成。"礼"已由祭神的酒器和仪式扩展为"礼者履也"，即对整套行为规矩的实践。《孔子再评价》特别指出作为"礼经"的《仪礼》所显出对人群行为、举止、言语、容貌的严格要求和细密规定，使原巫术活动中的禁忌转成了一整套不可逾越的礼节尺度。"礼，不逾节"（《礼记·曲礼上》），其中包括如"毋侧听，毋噭应，毋淫视，毋怠荒，游毋倨，立毋跛，坐毋箕，寝毋伏，敛发毋髢，冠毋免，劳毋袒，暑毋褰裳"（《礼记·曲礼上》），"男女不杂坐，不同椸枷，不同巾栉，

---

① 邹昌林：《中国古礼研究》，第 155 页。

不亲授，嫂叔不通问"（同上），"子能食食，教以右手"，[①] "七年，男女不同席，不共食"，"男不言内，女不言外"，"在父母舅姑之所，……不敢哕噫、嚏咳、欠伸、跛倚、睇视，不敢唾洟，寒不敢袭，痒不敢搔"（《礼记·内则》），"子于是日哭则不歌"（《论语·述而》），等等。所以说"若无礼则手足无所措"（《礼记·仲尼燕居》）。这与《孔子再评价》中所讲巫术活动中"一举手一投足都有严格的规定，一个动作也不容许做错，一个细节也不容许省略、漏掉……否则就是对神的大不敬，而会给整个氏族、部落带来灾难"[②]，正是一脉相承的。总之，"礼"由"巫"而来，结合日常生活，构建了一整套行为规范和社会秩序（包括管制）。

这里的**要害在于**：如拙前文所指出，这整套的礼仪制度和规范秩序并不认为乃世间人际的约定，而被强调是天地宇宙的普遍法规。"礼"仍然保存着"巫"所特有的与天地沟通、与神明交往从而能主宰万事万物的神圣力量和特质。尽管高度理性化，却仍然是由这种神圣力量和特质来统帅和管领，它在世间却超世间。所以，上古典籍再三说，"凡礼之大体：体天地，法四时，则阴阳，顺人情，故谓之礼"（《礼记·丧服四则》）。"夫礼，天之经也，地之义也，民之行也。天地之经，而民实则之"

---

① 华人惯用右手，"左撇子"少见，直到现代始有改变。
② 《中国古代思想史论》，第10页。

（《左传·昭公二十五年》）。"夫礼，必本乎天，殽于地，列于鬼神，达于丧、祭、射、御、冠、昏、朝、聘"（《礼记·礼运》）。"古之制礼也，经之以天地，纪之以日月，参之以三光，政教之本也"（《礼记·乡饮酒义》）。"礼"上通天地鬼神，下开人世秩序、政治体系，从而要求人们在此世的从政居家、待人接物、揖让进退、行为举止、语言容貌①的现实生活中，来展现这天地的神圣。"礼，国之干也；敬，礼之舆也，不敬则礼不行"（《左传·僖公十一年》）。"经礼三百，曲礼三千，一言以蔽之，曰：毋不敬。"（范祖禹）"敬"什么？"敬"这个在世俗生活秩序中体现的天经地义，即巫术神明。这也就是"修道之谓教"；它是"礼"的理性化教育（the teaching of rites, the cultivation through the rites），也是"礼"的忠挚的情感信仰（faith）。这就是中国的宗教：礼教（the religion of Rite）。西文宗教（religion）的拉丁字源（religio）是"紧绑在一起"的意思，中国的"礼教"也是通过"礼"，将人紧绑在一起。这也就是我所谓的"由巫到礼"（from shamanistic ceremonies and rituals to social rites and customs）：中国文明特

---

① 自古到近世，对容貌的规范一直是中华礼仪要点之一。包括祭祀、朝廷、军旅一直到日常生活，从装饰形象到个体容貌都有严格要求、详尽规定。《尚书·洪范》（顾颉刚认为是"殷代巫祝之书"，见《顾颉刚读书笔记》第6卷，第4123页）即有"貌、言、视、听、思"。《论语》有"貌思恭"、"色难"以及后世对妇女"笑不露齿"、"语莫高声"等等。

征的呈现。

礼的特征：宗教、伦理、政治三合一

　　我在许多文章中屡屡提及中国"宗教、伦理、政治三合一"，这个"三合一"即来自上述的"由巫到礼"。

　　所谓"礼"，就后代说，是用一整套"名分"次序的排列制度，来别亲疏，定上下，立尊卑，序长幼，明贵贱，分远近，以确定人们的义务、道德和生活。"礼，天地之序也……序，故群物有别"（《礼记·乐记》）。"礼"的功能是"别异"，这个"别异"是通过一系列的"名"来建立和确定的。"夫名以制义，义以出礼，礼以体政，政以正名。是以政成而民听，易则生乱"（《左传·桓公二年》）。"名"要求人从混沌无序的原始杂乱中走出来。即使反对"礼"、"名"的《老子》在"道可道"之后的，便是"名可名"："有名，万物之母"，也是讲**"名"把差异、区别呼唤出来而形成万物。儒家强调"名"整理出秩序和规范，由之构成一个有明确差异和严密区分的社会统领系统。这就是"礼制"，也是"礼治"。这"礼制"**的最初缘起便是上述丧祭仪式。也就是《孔子再评价》和拙前文所一再引述的"祭有十伦焉"：

　　"夫祭有十论焉，见事鬼神之道焉，见君臣之义焉，见父子之伦焉，见贵贱之等焉，见亲疏之杀焉，见爵赏之施焉，见夫

妇之别焉，见政事之均焉，见长幼之序焉，见上下之际焉。"（《礼记·祭统》）

这段话之所以重要而再三引述，是因为它提示了由巫术而来的祭祀仪式，由于次序（首先可能即是祭祀者的空间位置）的排列，规范出了人间的等级秩序。《礼记》这段话也就是《大戴礼·哀公问》中孔子所说的："民之所由生，礼为大。非礼无以节事天地之神明也，非礼无以辨君臣、上下、长幼之位也，非礼无以别男女、父子、兄弟之亲、婚姻疏数之交也。"而它们首先都从"祭"开始。正是"祭"造成了"伦"（伦纪纲常），"如此复杂的直系、旁系血缘图，就是通过宗教祭祀制度确定、传承下来的"①。从上古直到近世，与祭礼关联的丧礼，其丧服的严密细致，"披麻戴孝"的各种仔细的等差区分，决不能有所错乱，均为其他文化所少有。"礼"在这里展示的不仅是外在亲疏远近的等差秩序，而且也是不同人们内在必需的不同的情感态度，而"天经地义"的神明力量正由此而展示。"夫祭者，非物自外至者也，自中出生于心也；心怵而奉之以礼"（《礼记·祭统》）。"心怵"什么？怵神明、祖先。所以，由祭礼产生、统帅、管领的各种名分、制度、习俗都是具有超人间的神圣性的。所以"礼制"中的"名"不只是事物的名称，它是天地的法规、神圣的

① 牟钟鉴、张践：《中国宗教通史》（修订本）上卷，第111页，北京，社会科学文献出版社，2003。

符号，也是人的生存、活动、义务、地位、利益的代表。所以，
"必也正名乎"（《论语·子路》）。"君君，臣臣，父父，子子"（《论
语·颜渊》）。"郑伯克段于鄢，段不弟，故不言弟，如二君，故
曰克"（《左传·隐公元年》），"闻诛一夫纣矣，未闻弑君也"（《孟
子·梁惠王下》）等等，都表明"名"的重要。伦理的名分在这
里既是展现超世间的神意，又与社会政治密切相关。"正名"成
了"礼乐兴刑罚中"的必要前提。直到近世，"名分"不同，人
际远近、情感亲疏便不同，如叔、舅、姑、姨、堂兄弟、表兄弟、
姑表、姨表、族人、路人等等。这在其他文化中也少见。"名分"、
"级别"在今日中国人的心目中仍占据过重的位置、分量，也是
这一"礼教"残留的痕迹。

如拙著《中国古代思想史论·试谈中国的智慧》所认为，
氏族宗法血缘是数千年中国传统的社会根基。从而，在宗教、
伦理、政治"三合一"的礼制中，又仍然是以伦理道德（就社
会说是伦理，就个体说是道德）作为轴心来旋转的。王国维说：
"古之所谓国家者，非徒政治之枢机，亦道德之枢机
也。"[1] "……周之所以纲纪天下，其旨则在纳上下于道德，而
合天子、诸侯、卿大夫、士、庶民，以成一道德之团体，故知
周之制度典礼，实皆为道德而设。"[2]

---

[1] 《殷周制度论》，《王国维文集》第 4 卷，第 54 页，北京，中国文史出版社，1997。
[2] 同上，第 43 页。

上面已讲，从新石器时代以来，中国传统的"祭"主要以祭祀祖先为核心。祖先生是人，即在伦理之中；死为神，成了崇拜对象。因之伦理道德上可沟通（宗教）神明，外可治理百姓（政治），而且也就在伦理—政治中来展现神明。《礼记·大传》说：

"亲亲故尊祖，尊祖故敬宗，敬宗故收族，收族故宗庙严，宗庙严故重社稷，重社稷故爱百姓，爱百姓故刑罚中，刑罚中故庶民安，庶民安故财用足，财用足故百志成，百志成故礼俗刑，礼俗刑然后乐。"

这是一幅以伦理道德为轴心，上通祖先神明，下为治理百姓非常"顺理成章"的理想化的美妙图画，这也就是"由巫到礼"，以伦理为轴心所构成的"宗教、伦理、政治"的"三合一"的礼治。

可见，与希腊古典社会和 Plato、Aristotle 着重区分家与国（城邦）、家庭事务与公民政治，强调二者不可混同而后者（政治）高于前者（家庭）恰好相反[①]，中国从上古到后世，甚至到今天，"家"、"国"总连在一起。从"迩之事父，远之事君"、"修身齐家治国平天下"，以"家"为基础的伦理道德成了中国传统的主要标记，牟宗三非常抽象的西化哲学也仍然是"道德的形而上学"。

---

① 尽管 Aristotle 也讲家庭乃城邦基础，但没有由家而国的伦理政治。

　　作为王国维说的佐证,周代金文和典诰中的确多有"德"字:"告我先王若德"(毛公鼎),"王其疾敬德,因其稽我古人之德"(《君诰》),"德威惟畏,德明惟明,穆穆在上,明明在下,灼于四方,罔不惟德之勤。"(《吕刑》)

　　那么,什么是"德"? "德"的最初含义是什么? "德"字有个大眼睛,令人想起三星堆出土的那个大眼睛的巫师巨人。其后,"德"字有个"心",使人想到郭店竹简中一大批从"心"的字,忠、爱、悬(顺)、忧、惫(知)……拙前文解说"德"是由"巫君合一"所拥有的神法魔力即巫术法力(magic force,magic power)演变而来的具有神力的圣王的道德品格(magic moral)。王国维强调周公"制礼作乐"、"纲纪天下",正在于它不仅是一套外在政治制度,而且更是一套具有神力品格的伦理道德。拙前文已说,这神力品格也就是"圣"。所以,"礼治"也就是"德治",也就是"圣人之治"。如拙前文所引:"夫德,俭而有度,登降有数,文物以纪之,声明以发之,以临照百官,百官于是乎戒惧,而不敢易纪律"(《左传·桓公二年》)。为何"戒惧"? 为何"不敢易纪律"? 因为这个"德"有足可戒惧的神圣性,其中有祖先神明的大眼睛在。也即是说,这套"政治之枢机"是具有神圣的道德性或道德的神圣性,这才是宗教、伦理、政治"三合一"的"礼"。也正因为这个"三合一"的"礼治"或"德治"具有这样一种宗教性的"圣"的信仰和力量,所以它才成为几千年来的中国士大夫知识分子所强烈拥有的基本观念和殷切期盼的社会理想。

拙前文已说过这些。可补充一点的是，作为源远流长（前尚有"连山易"和"归藏易"）的《周易》由"经"到"传"的发展，也可从思想观念和意识形态上作为"由巫到礼"的佐证。尽管"十翼"是否孔子所作，"大象"是作于文王、孔子或孔子之后，还可争论，但它是巫术活动的理性化这一特点却非常鲜明。这一特点在于，原具有神秘力量测吉凶卜祸福的巫术占卜，日渐演变为对卜者（"君子"亦"圣王"）虽仍具有神秘力量却又已经是非常理性化了的道德品格的要求。这就是所谓"演德"。姜广辉引饶宗颐语，"易象的作者，在解释各卦时，屡屡以'德'为'言'"①，也如姜本人所说，"每一卦象象征一种境遇，在各种不同境遇下，人应该具什么德行，追求什么意义，……"②也如戴琏璋所说，"人们在易书中所要探究的，不是际遇的吉凶祸福，而是在吉凶祸福中如何自处。"③例如，"山下有水，蹇，君子以反身修德"，"山下有泉，蒙，君子以经纶"，等等，这"卦象—卦名—大象（演德）"，便是如此。这一"演德"的理性化过程，至迟在周初便已开始。如果说，周公"制礼作乐"是原

① 姜广辉：《中国经学思想史》第 1 卷，第 358 页，北京，中国社会科学出版社，2003。
② 同上，第 364 页。
③ 戴琏璋：《易传的形成及其思想》，第 271 页。

巫术仪式从外在制度上的理性化，那这"演德"便是原巫术活动在内在心理上的理性化。这与周初严格禁酒，排除巫术的迷狂、亢奋、纷乱的心态可能也有关系①。周公是这一过程的先行者，孔子承继了这一理性化的行程，而将其极致地发扬光大。"子贡曰：夫子亦信其筮乎？子曰，吾百占而七十当，……易，我复其祝卜矣，我观其德义耳。……君子德行焉求福，故祭祀而寡也；仁义焉求吉，故卜筮而希也"（《要》）。"吾与史、巫同途而殊归者也"（同上）。

"同途"，同源于巫；"殊归"，归于道德。这一直到荀子的"善为易者不占"，"由巫到礼"在意识形态和思想观念上的理性化过程便最终完成。

易卜"演德"使原巫术活动中的神秘魔力脱魅，极大地帮助了以"名"为确定标志的伦理—政治制度的建立。陈来说："早期文献中肯定的德及具体德目，大都体现于政治领域，或者说，早期的'德'大都与政治道德（political virtue）有关"②，继承着"巫君合一"，它首先是"君子"、"圣王"（统治者）的"德"。

这种"礼"、"德"，也如拙前文以及《论语今读》《中国古代思想史论》所指出的，在外在礼制崩毁时代被儒家和孔子发展和解释为内心状态的"忠信"、"仁"和"诚"。《论语今读》

---

① 酒以成巫，学人公认。可参阅周策纵：《古巫医与"六诗"考》。

② 陈来：《中国古代宗教与伦理》，第296页，北京，生活·读书·新知三联书店，1996。

对"仁"已作阐释，认为**孔子始终未以知性认识方式来定义"仁"，"仁"总是作为情理交融并兼信仰的行为要求而出现。"以仁释礼"其实也就是以这种已经理性化了的神圣情感来解释和履行"礼"**。廖名春引上博楚简"怀尔明德，何？诚谓之也，有命自天，命此文王，诚命之也"，认为这个"最高的精神价值"、"最高的道德范畴"的"诚"，是与神圣而神秘的"天命"密切关联①。拙前文曾强调中国上古圣王（黄帝、尧、舜、禹、汤、文、武、周公）都是沟通天人的大巫君②，"诚"便是由巫君沟通天人的巫术神力演变而来理性化了的圣王品格：道德。

"诚"也就是"忠信"，是所谓"真实无妄"。《论语》多见"忠信"，郭店简有"忠信之道"。《礼记·礼器》说，"忠信，礼之本也。"顾颉刚说："礼本乎忠信，忠信二字含义多少有些迷信观念在内。"③这说明都是"巫"的内心传统。甚至到朱熹的解说："诚者，真实无妄之谓，天理之本然也。"仍然将"诚"与"天理"直接联系了起来。

秦汉以来，建立了大一统专制帝国，现实的政治和制度与上古的宗教和伦理已实际分离，上古氏族邦国（古国）完全消失。

---

① 廖名春：《上博〈诗论〉简的天命论和"诚"论》，《哲学研究》2000 年第 5 期。
② 中华上古巫君同一，拙前文已多所征引，此类材料所在多有。如黄帝"生而能言，役使百灵"（《抱朴子》），帝尧"其仁如天，其知如神"，（帝舜）"遂类于上帝……辩于群神"（《史记·五帝本纪》），"禹致群神于会稽之山"（《国语·鲁语下》），如此等等。圣王都是通天（神）人的。
③ 《顾颉刚读书笔记》第 4 卷，第 239 页。

但如《中国古代思想史论》所认为，由于源远流长的血缘纽带和宗法家族仍然承续生存，法家形式化的制度设置（如郡县制）和赏罚二柄即使成为行政机制的权能主干，儒家"礼治"思想却仍然具有强大生命力量。它在秦代和汉初悄然无闻之后，曾几何时，以董仲舒为主要代表的汉儒在吸收融合法、道、阴阳后，又赫然兴起并成为主流。《中国古代思想史论》认为小农家庭生产和血缘宗法是其社会根本基因，"由巫到礼"而来的"三合一"便是文化基因，它虽变迁却仍强劲延续。高扬"君为臣纲"、绝对权威的专制统治，仍然信仰"天人感应"，并以"天谴"形式制约皇权。同时，它宣告"以孝治天下"，建立"举孝廉"、"循吏"（以德化民）、"博士"等制度，强调的仍是这个以伦理为轴心的"宗教、伦理、政治三合一"的"礼"。这也就是二千年以来的汉宣帝所谓"霸王道杂之"（《汉书·元帝纪》）的"阳儒阴法"。

这个"阳儒阴法"远不只是以"儒"为装饰为欺骗的浅薄含义，而更是以儒学的伦理道德立场，如重视"民间疾苦"、"万家忧乐"，通过"贤良文学"、"清议"、"清流"等形态，来发言、上书以钳制、约束、制限和解毒专制政治所必需或不必需的征战、聚敛、兴作以及各种骄奢淫逸，追求在历史与伦理二律背反中尽可能争取到适当的度。虽然大多实效不大，但对从政者（包括皇帝本人）所给予的**伦理精神的压力和影响**却不容忽视。这是我所讲的"儒法互用"的第一层含义。其次，就是《己卯五说·儒法互用》中所说的"援儒入法"、"礼法交融"、"法由礼断"、"屈法伸情"，即将具有伦理宗教情感和灵活性较强的"礼"渗入形式性、规定性较强的"法"中来延续和维系这个"三合一"。"礼"以宗教——伦理精神从外（牵制）、内（渗透）两个方面对形式化的"法"和专制政治施加作用，使得这个以"名"为明确符号的礼教，虽时光流逝、历史变迁，却仍然能在社会秩序中、意识形态和思想情感中享有神圣不可侵犯的至上地位和信仰力量，即使原始神秘色彩已大为减退。

唐中叶以来经济变化，黄巢之乱使门阀世族彻底衰亡，宋代白衣卿相渐成定局，商业市场日趋发达，制度、伦理（道德）与信仰三者更加疏离脱节，"礼治"和儒学再次受到考验。为挽回局势，在佛学的强大刺激下，宋明理学极力探究天人之际的心性神圣，将汉代五行图式的"天人感应"论变而为极具思辨抽象的"义理"对"气质"、"道心"对"人心"主宰统治的"天理人欲"论。但其根本目的和哲理思辨却又并未脱离反而是极力加强了这个"三合一"：高倡性命之学的宋明理学仍然极力追求济世救民；仍然认为，从皇帝到士民的内圣修养，其终极关怀或安身立命当在此世间人际。他们仍然认为汉代以来的"三纲六纪"的宗法伦常是社会秩序的轴心，是政治体制和内在信仰的根本。从而，无论是"先天下之忧而忧，后天下之乐而乐"，还是"天下兴亡，匹夫有责"，都表明这些真诚的"宗教（礼教）

信徒"的神圣使命和天职（mission, calling）仍在此世间秩序中。尽管宋明理学的主要贡献的确在于对儒学宗教性的深邃开发和空前创造，但完全离开伦理—政治去论说解释它的宗教性，离开"济世救民"、"经世致用"来讲解心体性体或精神境界，是并不符合历史真实的。

其实，历史表明，即使帝王信佛（如梁武）崇老（如李唐），这个"三个一"的人间秩序也固如磐石。魏晋门阀贵族是"玄礼双修"，玄学兴盛的同时，是礼学极其发达；高谈心性的宋明理学大师也极端重视礼制建设，他们创立了一整套的宗祠、义塾、乡规、族约、家礼，使这"三合一"**更为牢固**。所以，原典儒学的礼乐论、汉代儒学的天人论、宋明理学的心性论虽然形态大有变易，但中国的礼教并无动摇。

真正的危机和挑战是在19世纪末，"两千年未有之变局"由此开始，传统礼教从外在制度上和内在心理上第一次无可挽回地走向崩溃。现代新儒学想继承宋明理学，用西方哲学的抽象思辨高扬儒学的宗教性，把本是"三合一"的儒学礼教解释为大有区别甚至彻底对立的"道统"、"学统"与"政统"，企图以此摆脱困境。但无济于事，世所共睹。①

如果说牟宗三是从哲学学理上，那么从康有为开始的一些

---

① 参阅拙作《己卯五说·说儒学四期》。

人则企图从社会实践上立儒学为宗教来力挽颓局，这包括颇嚣尘上的论证儒学为宗教、主张立儒学为国教说。牟宗三大体以西方康德哲学的榜样，论证儒学是"道德的形而上学"；儒教说者则大体以西方宗教为榜样，要求建立可与基督教、伊斯兰教相媲美的儒教教义、组织和仪式。他们甚至呼唤能通天地神人的圣贤、教主、Charisma。

我以为,这恰恰不符合儒学精神和中华传统。不但因为"儒家无死后世界"，"未知生，焉知死"，儒学对死后如何，置于不议不论之列，虽未否定，更未肯定；而且重要的是，"儒学总将死放在生的历史系列中考察和阐释"[1]，它们所求的"永生"、"不朽"，如"立德"、"立功"、"立言"、"三不朽"(《左传·襄公二十四年》)，便都在这个世界的生存延续之中。儒学将个体的生命价值、生活理想和人生意义，设定在这个现实世界的人间秩序的艰苦奋斗中，而并不十分着重脱离这个世界的灵魂拯救、天国超升。所以才有"重生安死"[2]式的"存吾顺事，殁吾宁也"（张载）的著名格言。《论语》没有奇迹，孔子不是耶稣。从孟、荀、董仲舒到朱熹、王阳明、王夫之都不是教主式的人物。[3]把儒学跻为宗教，与在"中国哲学"里

---

① 拙著《己卯五说·中日文化心理比较试说初稿》。

② 同上。

③ 王艮倒有点像，但这已是直接走入下层民间而更与墨家相近了。

去寻求"超验"（transcendence）和"存在"（Being）一样，恰好不符合中华传统。

儒学并非没有信仰，它所信仰崇奉的仍然是以祖先神为中心的"天地国（君）亲师"。这至迟从荀子起便已确认，而一直延续到近世（1949年以前）。而这些对象最后的提升概括就是"天"、"天道"或"道"（见下节）。它也有一些仪式，包括祭拜天地、供奉牌位、清明扫墓、中元祭祖等等，但它们完全从属于日常生活的"礼"，并不密集举行，也完全没有独立组织和奇迹教义。**更重要的是**，与此同时，中华传统和儒学基本上不阻挡人们去信奉其他神灵或宗教。无论是佛祖菩萨、原始天尊、耶稣基督、阿拉真主、妈祖、关帝，只要人们认为能够解决他（她）们的心灵慰安、生死探求、人生寄托，而又不特别反对祭拜祖先，儒学和礼制似乎无所不可。原上古巫术活动中的多神论，仍然非常强劲保存在中国的大小传统中。[1] Max Weber 在强调"儒教"根本不同于基督教时一再说："中国这种天人合一式的哲学宇宙创成说，将世界转变为一个巫术的园地。"[2] "这个对世界

---

[1] 《顾颉刚读书笔记》，"予少时在苏州，见道士为人祈禳，恒嘱其家出席一，米数升，将米铺于席上，成龙虎诸形，而令病者之子若孙出拜神，又蒙金银首饰……献神，读淮南书，知此俗二千余年犹未变也"（第10卷，第7863页）。这种"巫"甚至可追溯到史前新石器考古、张光直作释作巫术标志的著名的"龙虎双跻"（距今6000年的仰韶文化濮阳出土的龙虎蚌塑）。

[2] Max Weber:《中国的宗教：儒教与道教》简译本，第265页。

采取无条件肯定与适应的伦理，设定了纯粹巫术性宗教之完全
且持续存在的基础。"① "这个巫术园地之得以保留，是因为儒
教伦理本就有与其亲和的倾向。"② A.C.Graham 认为中国古代
儒、道、法都相信"真正的圣王完全无需治理，因为由正确遵
循的仪式所培育，他的圣力（ Mana ）的深邃感应已足够保持
社会和谐，清除自然灾祸和保证丰收"。③ 大传统是如此，小传
统更然。中国民间宗教大都是"体巫而形释"，佛教和模仿佛教
的道教实际仍是"巫"的特质：崇拜对象多元，讲求现实效用，
通过念经做法事,使此间人际去灾免祸保平安。它们的实际教义、
组织和仪式与世俗生活、社会秩序并无尖锐分离或冲突，倒常
常是浑然一体。④ 所以，即使不信它们的士大夫也允许它们与
儒学并行不悖，采取的仍然是孔老夫子"敬鬼神而远之"的态度。
因为，在儒学看来，这些宗教信仰大体上只是解决个体身心困
境以及生死寄托问题，与儒学在救世济民和大同理想的伟大功
业中所体现的神圣性和宗教性相比，要远为狭隘和次要。尽管
其他宗教也讲普度众生，拯救世界，但它们是主要从个体心灵
出发而不是从阔大的现实世界的伦理—政治着眼，因之儒学认

---

① Max Weber :《中国的宗教：儒教与道教》简译本，第 296 页。

② 同上，第 294 页。

③ A.C.Graham :《列子·导言》(*The Book of Liet Tze*，p.10，Columbia，1990)。

④ 参阅杨庆堃（C.K.Yang）:《中国社会中的宗教》。

为在救世济民、经世致用的宏观视野中所展现神圣性的"天道"，作为"天经地义"，便是更高更大的神或神明。有如钱穆说王安石：

"依荆公理论，则道德神圣皆即事业，大事业始是真道德、真神圣。""荆公辨王霸亦犹是运水搬柴之与神通妙道，而把人生大群积极价值扶植起来。"①

其实岂止王安石，中国士大夫知识分子甚至包括那些崇奉释、道、基督教者，大多仍然以在此世间人际进行或完成的政治、社会的"大事业"才是真正的"道德"和"神圣"，它比从个人身心出发的拯救要更为高远和伟大。尽管儒学所信仰的"天道"朦胧、含混、无人格形象，却在这里强有力地存在着。正因为此，儒学才会容许人们信奉其他宗教而无需另立自己的"宗教"。儒学或儒家自觉或不自觉地认为自己信仰的"天道"，是优越于仅仅解决身心困境或生死问题的其他神明和宗教，从而无需与之比较和竞争的。

很明显，这仍然是巫史理性化的传统，从这个传统来看，立儒教是不必要和不可能的。

传统和儒学所面临的最后绝境是在今天。由于现代社会生产和生活方式根本变革，带来了血缘纽带的瓦解，大量农民进入城市，家庭生产式微，宗法关系消失，二千年来以孔子——荀

---

① 钱穆：《中国学术思想史论丛（五）》，第8页、第6页。

子为主干的"礼制"、"名教"终于走到了尽头。思想往往是时代和现实的先声，19世纪末谭嗣同便率先发出了批判礼教的最强音，提出以"仁"代"礼"，即要求建立新的、现代的、从西方传来的自由、平等、独立的伦理—政治来代替原有传统的"三合一"的"礼"：

"俗学陋行，动言名教，敬若天命而不敢逾，畏若国宪而不敢议。嗟乎，以名为教，则其教已为实之宾，而决非实也。又况名者，由人创造，上以制其下，而不能不奉之；则数千年来，三纲五伦之惨祸烈毒，由是酷焉矣。君以名桎臣，官以名轭民，父以名压子，夫以名困妻，……如曰仁，则共名也，君父以责臣子，臣子亦可反之君父，于钳制之术不便，故不能不有忠孝廉节一切分别等衰之名，乃得以责臣子曰：尔胡不忠！尔胡不孝！是当放逐也，是当诛戮也。"（《仁学·八》）

"礼者，忠信之薄，而乱之首也。夫礼，依仁而著，仁则自然有礼，不特别为标识而刻绳之，亦犹伦常亲疏，自然而有，不必严立等威而苛持之也。……"（《仁学·十四》）

"君臣之祸亟，而父子夫妇之伦遂各以名势相制为当然矣。此皆三纲之名之为害也。名之所在，不惟关其口，使不敢昌言，乃并锢其心，使不敢涉想。愚黔首之术，故莫以繁其名为尚焉。……三纲之摄人，足以破其胆而杀其灵魂。……"（《仁学·三十七》）

"五伦中于人生最无弊而有益，无纤毫之苦，有淡水之乐，其惟朋友乎! ……所以者何? 一曰'平等'，二曰'自由'，三曰'节宣惟意'。总括其义，曰不失自主之权而已矣。兄弟于朋友之道差近，可为其次。余皆为三纲所蒙蔽，如地狱矣。上观天文，下察地理，远观诸物，近取之身，能自主者兴，不能者败。公理昭然，罔不率此。……故民主者，天国之义也，君臣朋友也。父子异宫异财，父子朋友也。夫妇择偶判妻，皆由两情相愿……夫妇朋友也。至于兄弟，更无论矣。……今中外皆侈谈变法，而五伦不变，则举凡至理要道，悉无从起点，又况于三纲哉! "（《仁学·三十八》）

这是值得人们缅怀和尊敬的勇敢的启蒙先声。传统礼制确乎具有这种服务于当时专制体制的奴性道德内容，它给中国人带来了精神上和道德上的巨大伤害，谭嗣同要求冲决它的巨大网罗，呼唤个体的自由、平等、人权和独立，这是永远值得大书特书的。遗憾的是，历史的曲折使谭嗣同所批判的旧"三纲"虽已大体崩毁，但自由平等的新秩序新道德却远未建立。旧信仰旧道德荡然无存,新信仰新道德却无由明确。"礼制"是完蛋了，那么如何来对待这个传统的"三合一"呢? 这似乎才是问题所在。

我认为，如拙作《论语今读》、《历史本体论》、《己卯五说》等所再三宣讲，今天的要务是应区分宗教、伦理与政治，实现中国式的政教分离。我提出两种道德论（有关政治法律的"社会性道德"和有关个体信仰的"宗教性道德"）认为，首先要区别两种道德。现在仍然需要继承启蒙精神，建立起如谭嗣同讲的在"朋友"（即自由、平等、独立、人权）基础上的崭新的伦理和崭新的政治，这就是现代生活的"社会性道德"。它不再是"事父事君"、"首重三纲"的旧道德和旧政治，恰好相反，而是彻底根除官本位，扫清传统专制体系，使官不再是"民之父母"，而真正成为人群公仆的新道德和新政治。然后才是如何使"宗教性道德"对"社会性道德"产生范导和某种适当的（即不逾越上述原则的）建构。这也就是"以德化民"和"以法治国"的关系。"父子朋友也"，是"社会性道德"，从而在法律面前人人平等，父子也不例外，这就大不同于中国传统的汉律、唐律、大清律，而是今日社会所需要的现代法治，即"以法治国"。"父子非朋友"是"宗教性道德"，它强调、追求和培育的是父子之间特有的、不可替代的慈爱孝敬的情感关系，这也就是"以德化民"。关键在于如何使后者能范导以及适当构建前者。例如在法律上规定父母对子女有抚养义务，也规定子女对父母有赡养义务（"适当构建"），这就不同于欧美只有前者，不重后者。又如在社会上提倡保存祖孙多聚、幼不独寝的传统（"范导"），这也不同于西方习俗。此外如注意从小礼让、① 尊老敬贤、重视

---

① 《礼记·内则》："八年（八岁）出入门户，及即席饮食，必后长者，始教之让。"

各种"义"、"利"之间的情理处理，以及有意识地保存华人社会的人情风味，像热热闹闹的圆桌请饭、摆龙门阵的饮茶聊天，相互串门的你来我往，守望相助的"里仁为美"，"功成身退"、"优游旷达"的修养风貌，……通过所有这些，或许能适当减轻建立在原子个人基础之上的现代伦理—政治所带来的自我膨胀、恶性竞争、纵欲胡来、追求无限、荒凉孤独、无家可归。

在政治上，这种"宗教性道德"对"社会性道德"的范导，当包括"不患寡而患不均，不患贫而患不安"、"四海兄弟"、"天下一家"的大同思想，"斧斤以时入山林"的生态保护思想，"不役于物"、"物物而不物于物"的反科技异化、使人不成为机器附件或奴隶的思想。而这，正是从人类学历史本体论即从人类总体的长远生存延续的角度，来范导和适当建构当前的、局部的、国家的经济利益和政治体制。

总之，舍弃原有"三合一"的具体内容，改造其形式结构以注入新内容，使"礼教三合一"变而为"仁学三合一"，即建立在现代生活的"社会性道德"基础之上，又有传统的"宗教性道德"来指引范导而形成新的统一，以创造出新形式新结构的"宗教、伦理、政治三合一"。它就仍然可以承继"天地之塞吾其体，天地之帅吾其性；民吾同胞，物吾与焉"（张载《西铭》）的传统精神，这便是对传统的转换性创造。

这当然是非常艰难和非常复杂的历史性的奋斗过程。但这奋斗本身有神圣性，这神圣性又仍然是建立在世俗现实和日常生活之中，而不是在它们"之上"或"之外"。也许，这种对生命神圣和人生神圣的奋力追求，才是中国巫史传统以及儒学对世界文明所可能提供的贡献。

天道与天主

关于"天"、"道"、"天道"有各种考证和解说，本文不能细论。仍如拙前文，我以为它们最早都来自原始歌舞巫术礼仪过程中出现的神明。它多元、恍惚、朦胧、含混而又确然存在。这个"存在"主要在于功能、效用，而不在于它是何实体或本质。《周易》所谓"阴阳不测之谓神"，荀子所谓"不见其事见其功之谓神"，就是说的这种神明。拙前文还特别指出聚讼纷纭、争论激烈的《老子》的"道"①也应从这个角度去理解。"道"的字源是一个大眼睛的头颅在行走，它"恍兮惚兮"，"视之不足见"，"听之不足闻"，却又"其中有物"，"其中有精"，"其中有信"。而且"道生一，一生二，二生三，三生万物"。这就是神明在行走中的中国"创世记"：它由无、虚、静、寂、中、朴、未发

---

① 有客观实体说（物质、精神、"绝对精神"）、主观境界说等等，可参阅刘笑敢：《老子》。

（都根源于巫舞开始时未有动作的凝神状态），到不断运动、生成、存在、变易和既济—未济。《老子》、《周易》、《恒先》以及《淮南》实际都是以理性化的方式在描述这个巫舞中的神明：那在行走着的"道"。所以"道"运行在一切事物中，在自然，在人事。"道在伦常日用之中"，"道在屎溺"。"道"乌乎不在？也因为此"道"，所以才有"地包天"、"天人合一"，而别无另一世界。

　　"天"的起源，本文采周的祖先神转换而来的说法。从周初开始，"天"取代"帝"成为至上神。它本身特别是它与"道"的联结混同，使其作为人格神的形象不再明确固定，使"天"的含意变得含混化和自然化。同时，原巫术礼仪活动中本含有的对历史经验的省记和对外在世界的理解也逐渐分化，其技能方面成为上古的方术、医药①；其知识方面则逐渐作为"自然"、"理势"等观念构成对"天"和"道"的领悟，并以其功能效用成为"阴阳不测"、"见其事不见功"的具体内涵。商代那个喜怒无常、不可理解的上帝消失了，代之的是"唯德是辅"、"常与善人"、"赏善罚淫（过分）"的"天"，这也就是"天道"或"道"。"道"、"天"、"天道"以及"天命"、"天意"等词语的异同和关系，本文无法细论。它们相当一致的共同特点更为重要：这就是人格形象渐行渐远，规则、理势含意越来越浓。中华文化和

---

①　李零：《中国方术考》、《续考》对由巫术到方术论述甚详，可参阅。

心理信仰以这朦胧含混的"天道"而不以明确具体的"天主"（God 上帝）作为主宰，这一点极为重要。"天主"是唯一神，即使强调不能有人的外在形象，却总有拟人的意志、语言和教义，它全知全能，发号施令，创造世界，超越经验，统治一切。它是超人类经验的实体或本质存在。"天道"则不然，它虽拥有不可预测难以违抗的功能、神力，却从不脱离人世经验和历史事件，而成为某种客观理则但又饱含人类情感的律令主宰①。始终没有发展或接受全知全能、至高无上、人格性唯一神的天主（God）信仰，却产生和延续着含有规则性、律令性、理势性意义在内的"天道"观念，这不能不说是中华文化思想史上**最早、最重要也最具根本性的心理成果**。而其原因，正在此巫史传统。

儒、道同出于巫，《老子》讲的"道"与《周易》讲的"恒"具有这同一特征。《论语今读》说，"马王堆易传作'易有大恒'较今本'易有太极'远胜。恒者，常也，亦天行健君子以自强不息之谓。"②"恒"与巫有关。有如金春峰研究所得："殷周巫文化的一个重大特点是崇拜恒。""周易十分重视恒，在今本与帛本两种卦序排列中，恒卦皆处于中心地位。""郭店竹简《老子》更凸显了这一方面……老子致虚是为了获有'恒'或'恒德'。

---

① 所以钱大昕嘲笑朱熹释"天"为"理"，说人是"祷于天"而不是"祷于理"（《十驾斋养新录》）。

② 《论语今读·7·17》。

郭店《老子》中与'道'直接相关的字都写为恒,如'恒名'、'恒道'、'道恒无名'、'恒无欲也'等等。这样地尚恒,与帛书系辞的文化背景,是相同的。"①

《老子》讲"道非道,非恒道",真正的"道"亦即是"恒"。"恒"、"道",都是持续和持久的过程。它们强调的都是行走在一个不断运迁变化的过程中,而不是归依于某种固定的不变对象（存在）。从而,在这里,"用"即是"体",过程即存在,变化即神明,工夫即本体。上节讲"礼",其特征也在此,即"礼"十分重视这个严密、神圣的行为秩序的**过程**本身。所有这些,都是巫史传统的理性化,而"道"、"恒"则是这一理性化抽象思辨的最高范畴。

尽管解释阐说各有不同,除墨家有走向天主（唯一至上人格神）的倾向外,儒、道、法、阴阳等的中国古代各家都信仰、崇奉这个非天主的"道"或"天道",都谆谆告诫人们在实践中去切实服从和遵循这个"天道"（神）。《老子》《周易》上面已讲,此外如孙子："兵无成势,无恒形,能因敌变化而取胜者,谓之神。"（《孙子十三篇》）庄子:"故通于天地者,德也;行于万物者,道也";"德兼于道,道兼于天"（《庄子·天地》）。管子："道生德,德生正,正生事"（《管子·四时》）。道法家:"道生法"（《经

---

① 金春峰:《周易经传梳理与郭店楚简思想新释》,第173页、第71页、第174页。

法·道法篇》）。"道"或"天道"就是中国人的上帝、天主（God）。

这个"天道"具有三个重要特征。

第一，"天道"即"人道"。因为"由巫到礼"和"礼"作为"宗教、伦理、政治三合一"，"天"、"道"、"天道"的宗教性也就与作为"人道"的政治、伦理直接攸关。顾颉刚引方孝岳语："禹以大巫而掌政治，治洪水，以大巫而称天子；神官、天道操作于一手，故《周书·多士·多方》之篇上溯所谓天命皆始于有夏。"[1] "天"、"道"、"神"、"天命"、"天道"由于一般都缺乏人格神的意志、语言、奇迹，而是强调它们呈现在自然环境、现实生活和统治规则之中，从而，在自然方面，中国的"天"、"道"、"神"都不是超自然的主宰，而是自然中的主宰，所以中华文化一直容许多神信仰，如山神、水神、土地神以及各种人物神等等，这便是巫的直接传承。在人事方面，从宗教—伦理说，"修道之谓教，道也者，不可须臾离也，可离，非道也"；"君子之道，造端乎夫妇，及其至也，察乎天地"（《中庸》），都表明"天道"的高超神意又是如此切近贴身，合乎经验，可以理解。从政治说，"天聪明，自我民聪明；天明畏，自我民明畏"（《尚书·皋陶谟》），"民之所欲，天必从之"（《尚书·泰誓上》），"天视自我民视，天听自我民听"（《泰誓中》），"民，神之主也"（《左传·桓公六年、僖

---

[1] 《顾颉刚读书笔记》第6卷，第4126页。

公十九年》），人群的利益、世间的拯救成了"天"、"天命"、"天道"或"道"的依据和归宿。神与人并不截然异质，"天道"与"人道"混同重叠，从而"天道"的神圣与人的神圣在实质上便沟通一致。所以《中庸》说，"能尽人之性则能尽物之性，能尽物之性则可以赞天地之化育，可以赞天地之化育，则可以与天地参矣。"《左传》说，"君人执信，臣人执恭，忠信笃敬，上下同之，天之道也"（《左传·襄公二十二年》）。《易》有"君子恐惧修省"，《中庸》说"恐惧乎其所不闻"，孟子说"孔子惧，作春秋"。"惧"什么？惧神明。神明何在？在"天道"亦"人道"，而不在天主。孔子"作春秋"讲的都是人事。"天"、"道"、"天道"的神圣性或神秘的主宰性与它的物质性即与自然和人事的过程性连在一起，未可明确分割。"尧则天"，远古圣王巫史是晓天文、创历算、懂天象、知天道的，这里重要的是他们把这天象、天道与人事、人道密切联系了起来，成了中国的传统，直到追求超验天理的宋明理学，也仍然说，"安知有人道而不知天道者乎？道，一也。"（程颐）直到今日，"天"的这双重含义仍然保存在中国人的语言之中。有高度西方哲学素养的王国维便说，"天"是"苍苍之物质具有天帝之精者也"。[①]

　　第二，与此相关，"天道"具有很大的开放性。这种"开放性"也就是包容性和灵活性。由于"天道"具有"神"的无限

---

① 　《书辜汤生英译中庸后》，《王国维文集》第3卷，第47页。

法门而又朦胧含混，便可以做出多种可能性的解释。又因为天的主宰含意和自然含意相互渗透，其理性化的发展使主宰性、律令性日渐湮没在理势性、规则性之中。"天何言哉，四时行焉，百物生焉。天何言哉"。自孔子此言一出，到荀子"大天而思之，孰与物畜而制之，从天而颂之，孰与制天命而用之"，"天"、"人"几乎可以完全分离了。但是，又并没有。巫史传统的巨大力量到汉代制造成了合儒、法、道、阴阳的五行反馈的天人图式。它强调的是天人同质、相互反馈的共同规则性，这规则性也就是主宰性[1]，这主宰也仍落实在人们的经验世界之中。这种"天道"即人道、人道即"天道"的观念使中华文化的实用理性不同于西方的经验论和实用主义，因为实用理性认同和强调天人共有的"客观规则性"。同时也如上节所指明，它使中国特别重视伦理道德，因为伦理道德就是这种客观规则，就是宗教、上帝和神明。中华文化强调伦理道德体现着"天道"、神明，从而是至高无上的神圣。

魏晋玄学接受《老子》，宣讲"圣人体无"。"无"作为"道"的"本体"，正在于它的无限可能的开放性。所以它才能驾驭"有"，生发"有"。"无"和"天"、"道"的这种开放性，在历史上使"奉天承运，皇帝诏曰"是"天道"；"苍天已死，黄天当立"也是"天道"；

---

[1] 参阅拙著《中国古代思想史论》。

梁山造反"替天行道"、汤武革命"顺乎天而应乎人",都是"天道"。"丕显文武,膺受大命","皇矣上帝,临下有赫"是"天道";"万方有罪,罪在朕躬",戏曲"打龙袍"、"骂昏君"也是"天道"①。正由于"天道"不是"天主",没有明确的人格、形象、语言、意志、教义,可以随着不同情态、环境、事件、人物而做出不同的甚至相反的解说,从而它的时代变易性也就非常突出。这使中国人在六朝隋唐较少阻力地接受了佛教,近现代较少阻力地接受了达尔文主义(物种进化论)和马克思主义("历史规律"论)。因为没有某些既定宗教教义的严重障碍,它们都可以在意识或无意识层与"天道"观念相融合。

"天道即人道"和"天道的开放性"也带来巨大伤害。首先,由于自然与人事不分,强调"天人合一",这便极大地阻碍了独立的自然律(Law of nature)观念的产生,极大地阻碍了自然科学和逻辑思考的独立发展。类比联想的思维习惯有助于发明创造,但毕竟不是逻辑,它不是演绎也不是归纳,更不是实验。这三者在中华文化中都没有得到发展。天人混同的把握方式使问题和对象产生了差异,使中国只有高度发展的技艺(医、农、兵、艺),而始终缺乏独立的科学。这也是使中国文化在与现代西方文明的交遇中显居劣势的重要原因。

---

① 这可以联系到上古溺巫、鞭巫的传统。

其次，在社会层面，由于强调整体系统的稳定和谐，抹杀或忽视了处在这个系统的个体的独立价值和生命意义。个体不过是天人系统、五伦系统、三纲六纪系统中的一个因素、成分、部件甚至螺丝钉。它缺乏现实物质生活领域内的独立个体和自由权利的重要观念。个体自由大多局限在纯粹精神领域。

再其次，因为"天道即人道"和"天道"解释的开放性，容易产生过大的随意性，使实用理性陷入"有用即真理"的实用主义，即以一时人事上的利害、功过、得失、优劣来认定此即客观的"天道"或"道"，缺乏许多宗教及其教义由超验天主所规范和既定的明晰性、确凿性和执着性。

优点常常本身即是缺点。中华文化的实用理性应该有智慧去认识这些，反省自身，改变原来的文化心理积淀和思维定式。这当然也是一个过程，需要付出相当的岁月时日。所有这些本文化的弱点和缺陷，拙著以前均已讲过，此处不再多说。

"天道"的第三个特征是人的主体性和主动性的直接昂扬。"黄帝作宝鼎三，象天地人，其空曰鬲，以象三德"（《汉书·郊祀志》）。虽然这是后世的记述，但"天"、"地"、"人"鼎足而三却是上古巫史中便已开始了的。有意思的是考古学说明，这种三足器的"鼎鬲，都是有中国特色的器物……尤其是鬲，世界各地都没有见过类似器物"①。虽然这不会与"天地人鼎足而三"有直接联系,但可象征和意味着"天大地大王(人)亦大"的思想开端,也正由于认同三足鼎立的"天道"而非认同至上唯一神天主,使中国古代没有产生命运绝对主宰、人力无可如何的希腊悲剧(尽管希腊尚无天主,但有以宙斯为首的神的世界和主宰),也没产生上帝绝对主宰、人只有极端畏惧服从、天人绝不同质的希伯来《圣经》和基督教义。相反,由于没有绝对的极端畏惧崇拜的对象,没有不可变易的注定命运威吓,人可以"参天地赞化育",从而便可以更主动地选择和决定自己的现实生存和世间生活。上节讲到《周易》"演德"便是如此。在面临各种问题和困境时,中国"由巫到礼"的"圣书"《易》告知人们的是:人要自觉地主动做出选择和作为。"事在人为"、"人定胜天"成了人们的传统格言和文化心理积淀。

巫史传统使人的主动性得到很大昂扬,但如同"天道即人道"和"天道的开放性"一样,由于缺乏对超验主宰的极端畏惧和服从,人的主动性的过分扬起容易陷入人类中心论,容易误认人可以主宰自然,为所欲为,造成严重后果。人类走出动物界的渔猎农耕已开始产生这类问题,所以中国古人说人设制网罗使"鱼骇鸟惊"。但由于没有现代科技,整体来说,影响尚小。而且,现代的人类中心论本是西方中古神中心的逻辑产物,

---

① 苏秉琦:《中国文明起源新探》,第 9 页,香港商务印书馆,1997。

《圣经》便让人去"管理"自然①。否定了神，人于是成了中心和主宰。巫史传统并不是人类中心论，它所宣讲的恰恰是天人同体、人与自然（"神"）的谐和一致。从而不是神，不是自然，也不是人，而是"天地人鼎足而三"。因之"天道"并不全等于"人道"，敬畏"天道"和自然仍然重要，宋明理学"去畏存敬"并不符合原典。

但是，中国仍然要尽力避免人类中心论，特别是今天正处在快速现代化进程之中。

本文即将结尾，该回到"巫"的特征。拙前文已说，今再征引一些类似材料："（巫术）强迫或压迫这些神灵，而不是像宗教那样去取悦或讨好它们"，②"巫术的题材主要是人事，如渔猎、园艺、贸易、疾病、死亡之类"，③"巫术是实用的技术，所有的动作只是达到目的的手段。宗教则包括一整套本身便是目的的行为，此外别无目的"。④"巫'术'的中心关注点就会明显了：它需要确保'自然过程'的规则性，并且以抚平不规则性以及例外现象来'稳定'世界的节奏。因此当生育畸形、日月有蚀或其他怪异事件表现出不吉利的'迹象'而巫术必须

---

① 《圣经·旧约·创世记》："神说，我们要照着我们的形象，按照我们的样式去造人，使他们管理海里的鱼，空中的鸟，地上的牲畜和全地，并地上所爬的一切昆虫。"（第 11 章第 26 节）
② 《金枝》中译本，第 29 页，1987。
③ 马林诺夫斯基：《巫术、科学、宗教与神话》中译本，第 61 页。
④ 同上，第 75 页。

进行干预的时候，人们所追求的便是要恢复自然界通常的整齐性，正如要用巫术来呼唤未能及时出现的风雨那样"，[①] "一切周期性的、循环的过程都在人身上唤起一种近乎本能的共鸣；从一开始，他就把自己看作是卷入了一场再生的循环。他把自己结合于世界，他和世界的联系主要地就是通过他自身的行动能力。……就有可能呼风唤雨，驱遣季节"。[②]

巫术区别于宗教的主要特征在于，人作为主体性的直接确立。它在中华上古的理性化过程中演变为"礼制"和"天道"，最终形成了"实用理性"和"乐感文化"。这便是中华传统的基本精神。中华文化是肯定人们现实生命和物质生活的文化，是一种非常关注世间幸福、人际和谐的文化（A culture of worldly happiness）。幸福当然包括了物质和精神两个层面，但即使追求独立甚至"超验"的精神幸福，也并不排斥、否定、憎恶这个现实物质的生活和存在（存在者）。由于没有相信天主，"乐感文化"便以人为本，相信人类自身的力量，尽管历史在悲剧中前行，但认为只要自强不息、韧性奋斗，便可否极泰来：形势可以改变，前途会有光明，继往开来，"虽百世可知也"。所以孔老夫子说"知其不可而为之"，《周易》"既济"之后有"未

---

① 盖伦（A. Gehlen）：《技术时代的人类心灵》何译本，第 11 页，上海科技教育出版社，2003。

② 同上，第 15 页。

济"。它所宣示的是：人类所行走的是一个永不完成的奋斗历程，这是"天道"，也是"人道"。所以"乐感文化"也是一种"乐观文化"（A culture of optimism）①，它乐观而紧紧抓住"人活着"这一基本命题，这也正是对巫史传统最深层的开掘和发扬："上帝死了，人还活着，主体性将为开辟自己的道路不断前行。"②

（原载三联版《历史本体论·己卯五说》）

---

① "乐感文化"的第三重含义是认音乐和审美情感是人性的最终完成。所以它又称"乐（yuè）感文化"（A culture of music & Aesthetics）。
② 《实用理性与乐感文化》，第232页，北京，三联书店，2005。

由巫到礼（2001、2014）

行走中的神明

李泽厚：我今天讲的题目是"由巫到礼"，这是个很难讲的题目，因为牵涉到上古史，材料不够，我自己研究得很不够，学术界好像也研究得不够。这是个非常重要却被忽略掉的问题：所以的确值得讲一讲。特别是这个问题与中国整个文化、中国整个哲学的特征，很有关系，这就成了一个大问题。

中国文化、哲学有什么特征呢？当然有很多了。例如，比较其他文化来说，在中国文化里，人的地位就很高。天地人三才，人可以跟天地并列，可以"参天地、赞化育"。人能够参与天的运作。我记得20世纪80年代一个反传统的学者说，中国文化的最大的缺点、最大的问题，就是人的地位太高了，所以必须把基督教引进来，人必须在上帝面前悔罪，认识自己有原罪，不要把自己的地位估计得那么高。《圣经》里没说人能够参与上帝的工作，上帝说要有光就有光嘛，人能起什么作用呢？尽管我不同意这位学者的看法，但我认为他抓住了这一个要害。中国《诗经》里面有骂天、埋怨天的话，说天不可相信。包括今天老百姓常说的"老天瞎了眼"，直接就骂天，也没感到什么特别。中国没有创造主这个概念，没有上帝造人的观念，认为人就是父母生的，所以骂骂天也没有什么，但不能骂父母。**人的地位这么高**，这一现象，很多学者都指出过，**问题是它怎么来的**？还有，中国为什么到现在，历史这么悠久，始终没有形成那种绝对的、全知全能、主宰一切、远远超乎一般世俗生活经验之上的一种神，像犹太教的神，基督教的神，伊斯兰教的神。中国老百姓相信的关公、妈祖、观音菩萨，都是跟世俗生活联系在一起的，而且他们本来就是人，由人而神，人神同质。关公本来是关云长，是个人，妈祖也是，对不对？这是怎么回事？中国始终没有形成那种开天辟地的绝对神、至上神。犹太教在宋代就传入中国了，现在开封附近还能找到犹太人后裔，但犹太教没有了。基督教大家都知道，明代也传到中国，但至今在知识分子里面形成不了普遍信仰。为什么？中国知识分子到现在为止，说他是信神呢，有时候又不信，说他不信神呢，有时候又信。还是孔老夫子讲的"祭如在，祭神如神在"，祭的时候就相信是有这个神明在的，但不祭的时候也就不想了，不像伊斯兰教每日五拜，天主教每饭谢恩，基督教七日去教堂听经祈祷，等等。所以墨子早就骂儒家是"以天为不明，以鬼为不神"。

　　讲中国是"一个世界"，为什么呢？因为与对鬼神的态度一样，中国人的另一个世界也是相当模糊的、笼统的、不明确的。对中国人来说，另一个世界似乎并不比这个世界更重要、更真实，相反，另一个世界倒似乎是这个世界的延伸和模仿。人死了，古代要埋明器，现在就烧纸房子、纸家具，让死人继续享受这个世界的生活。另一个世界跟这个世界并没有多少差别，另一个世界实际是为这个世界的现实生活服务的。中国人很讲实用，很讲功利，到庙里去烧香的，求福、求子，保平安、去疾病，都是这个世界的要求，为了一些非常世俗的目的，很难说是真的为了拯救灵魂、洗清罪恶，等等。为什么？这些文化上面的特征，是怎么来的？安乐哲（Roger T. Ames）《孙子兵法》一书也指出，不同于西方传统的两个世界，中国是一个世界，但没说这是怎么来的。

　　拿哲学来说，西方从希腊哲学到海德格尔，Being 是个很大的问题，这个词在海德格尔那里是最重要的了，他最有名的著作是《存在与时间》（Being and Time），但是到现在为止，中文还不能很好地翻译 Being 这个词。有人翻译成"存在"，有人说应该翻译成"是"，学术界始终有争议。为什么？对中国哲学来说，这个问题好像不是特别重要，不是什么严重的问题。也就是说，中国哲学并不追求某种永恒不变、最高本源的"真实"

世界的"存在"（Being）。相反，中国人是讲究 Becoming，讲究生生不已，《易经》讲"穷则变，变则通，通则久"，认为这个变动不居的现实世界就是真实的、重要的、本源的，所以讲 change，不讲什么 Being。中国哲学还有一个特点，在柏拉图的对话里面，"美"不是一个美的姑娘，也不是一个美的盘子，它是美本身。What is beauty，什么"是"什么，中国人好像讲得比较少，而总是讲 How to，How to do，干什么，怎么做。就像孔夫子在《论语》里面讲"仁"讲得很多，讲了一百多次，但是仁是什么，始终没有给出一个定义，总是这样做算仁，那样做算仁。重要的是怎么样去做，这也就是宋明理学讲得很多的"工夫即本体"，如此等等。

所有这些特点，到底是怎么回事，怎么来的？在我看，就跟中国这个"巫"的传统大有关系。但为什么这么有关系，今天却被忽视掉了呢？包括学术界、学者们，都没有重视这个问题。我想原因之一，是一般提到巫，就想到民间的巫婆。Witch，中世纪的西方也有嘛，中国讲是迷信嘛，那当然是很次要的了，所以不重视。在中国古代的记载里有巫祝卜史，也都不是很大的官，巫也就慢慢进入小传统、民间，后来与道教合流，变得不重要了。在贵州有一种傩文化，戴着面具，跳各种各样的舞蹈，现在都还有。这个现象在春秋，在孔子时代就有了。《论语》里有这么一句话，"乡人傩，朝服而立于阼阶"，乡人跳傩的时候，孔子穿着上朝的衣服，站在东面的台阶上。孔子为什么穿着上朝的衣服站在大门外面呢？是表示尊敬，表示对巫术舞蹈的敬意。孔子为什么要对它表示敬意呢？因为它来源久远，而且曾经地位非常之高，是非常重要的事情，它本是大传统的重要核心。我在1998年出版的《论语今读》（3·24）里说："与当时人们一样，孔子大概仍是相信上帝鬼神的，只是采取'存而不论'的态度，即不用理性（理知、理解）去解说神的存在，而是将某种理解例如对宇宙的存在及其规律性（'四时行焉'等）的领悟沉入情感中，造成某种心理的信仰情态。"傩本是通鬼神的巫术仪式，虽然已沦为小传统，孔子因为相信鬼神、上帝，即使有那种理性的情感信仰，又仍然穿着上朝的严肃服装对这种本占据核心地位的久远传统表示敬意。

为什么说巫本是占据大传统的核心地位呢？从甲骨文可见，巫与帝常常联系在一起，帝巫。巫在当时，不是我们现在讲的巫婆，当时最有权势的人才是巫。考古学家，从陈梦家到不久前去世的张光直教授，他们的研究结果都表明，王是首巫，最重要的巫，最大的巫。中国传说中的古代圣王，例如儒家一直讲得很多的尧、舜、禹、汤、文、武、周公，根据很多学者的研究，他们都是大巫。《论语》里面讲"尧则天"，中国古代的天文学是很发达的，而古代的天文与巫术、与当时的信仰是联系在一起的。《论语》里讲舜无为而治，面朝南而不动，他在做什么呢，有学者说他在施法术。还有夏禹，大禹王治水，跟禹有关的有一种禹步，道藏里有，这是巫术的一种步伐，禹也是大巫。张光直考证禹的儿子启，中国第一个真正世袭的首领——夏启，《山海经》里说他舞《九代》，跳一种舞，这也是一种巫术。还有汤，商代的第一个皇帝——商汤，他的祷告是很有名的，当时天大旱，不下雨，商汤就把自己的头发割掉，发誓假如再不下雨，他就死掉，把自己献给神明。这是很著名的事情，果然下了大雨。巫师求雨在古代文献中很多，《周礼》里就讲率巫跳舞，率领群巫跳舞，做什么呢，求雨。因为下雨对农耕民族非常重要，天不下雨，农作物就活不了。这是非同小可的事，维系着整个群体能不能存活的问题。巫能沟通天人，请天下雨。文王，有人考证也是巫。周公替武王治病，也是实行巫术，这在《尚书》里有记载。周公的儿子也是巫，也有明确记载。所以巫的地位在当时非常之高，是大传统中很重要的角色，巫代表、传达、发布和执行神的旨意，本身也就是神，远远不是民间小传统的那种巫婆神汉。

　　因此，我这里讲的巫，不是讲这个字，不是讲巫祝卜史这种不重要的官，而是讲这种非常重要的现象。这种现象可以一直追溯到旧石器时代。大家知道，19 世纪在法国、西班牙发现了原始洞穴里面的壁画，有牛啊，被射中啊，或者是画在很黑的地方，要打着火把才看得清楚。这当然不是为了欣赏，像今天把壁画当作是艺术，当时就是用作巫术活动、巫术仪式，活动结束，最后留下的一些痕迹，这种活动在当时是非常神圣、非常重要的，几万年了。巫从那时开始，就是非常重要的现象。

这个现象对这个群体，或者对人来说，起一个什么样的作用呢？这个作用很不简单。通过这种活动、仪式，通过跳舞，把群体、把人组织起来。甲骨文里的巫字，与跳舞的舞字，就是一个字。巫就是舞，舞就是巫。**跳舞不是一般的舞，不是为了文艺娱乐，而是具有很重大很神圣的，却又是对现实生活起着重要作用的意义**，为了求雨，为了狩猎，为了丰收，为了打仗。我这里有一幅著名的仰韶时期的马家窑彩陶盆图，距今4500年到5000年以前，纹饰的图样就是舞，群舞，不是一个人，而是大家手牵着手都在跳。起什么作用呢？就是**在群体里面，起着团结、巩固、组织的作用**。开始也许是乱跳，但后来很有讲究，怎么个跳法，如何动作，左右手怎么协调，前后进退，面部表情如何，用什么服饰，我们现在看非洲和太平洋群岛的原始部族，还穿戴着各种各样奇怪的面具、服饰在跳舞。通过这些活动使人的群体关系巩固起来，互相的分工也很清楚，谁跳什么，步骤如何，都有很严格的规定。**在人的主观方面，则带有很大的激情、情绪、情感**，所以跳舞可以跳得很迷狂。但里面又有理性的东西，有想象，有理解，有某种认识，有的时候是复现打猎的那种情景。那些技术和记忆，都混合在一起，形成了一种动物所没有的人的心理形式即情理结构，**在原始巫术活动中，培养发展出饱含理智因素（认识、理解、想象）的情感，这一点非常重要**，它构成后世讲求合情合理、情理交融的文化心理结构。总之，巫术舞蹈是最早的人类独有的精神文化活动。它在远古的时候，是维系着整个群体生存、生活的一种精神文化活动，是在打猎、采集这些生产活动之外的精神活动。最初这种跳舞、仪式可能是人人参与，如马家窑那个彩陶盆所表现的（"家为巫史"），到后来就变成只能由王、君率领少数巫师来举行，也就是规范化、专职化了（"绝地天通"）。

这样的活动有什么特点呢？很多人类学家，比如泰勒（Edward Tylor），弗雷泽（James Frazer），包括韦伯（Max Weber），**都讲到宗教与巫术有很大的不同，最重要的一点就是，巫术是强迫对象来为人服务**。中国称之为呼风唤雨，通过人的活动，使各种东西为人所支配，而不是单方面的求拜。比如通过仪式，把箭射到画的牛身上，也许第二天就能猎到野牛了。这是通过人的活动去支配自然界。我记得1949年之前，大旱的时候还有求雨的仪式，乡民们把龙抬出来，叫作"晒龙王"。龙王主管降雨，旱热得不行，也把龙王抬出来晒晒，强迫龙王必须下雨：表面是求雨，实际上是通过人的某种活动（巫术）强迫"龙王"、"天"下雨。上面提到的那些文化人类学都强调巫术与宗教的这个重大区别，即在巫术中，人的活动的能动性非常突出、非常重要，巫术就是通过人的活动来产生某些所企望、所要求的结果，而并不是人被动地跪在那里向神、向天、向上帝祈祷。与此相联系的一点是，巫术里有神，但这个神是在活动中间、过程中间出现，跳着跳着就降神了。包括现在巫婆作法，也是念着念着好像神明就来了。神明是在过程中间出现，而不是一个什么固定的、很明晰的神明坐在那里等着人去求，**神是在过程中来的**。从而，什么神明来倒不重要，往往是很模糊的、多元的、不确定的，跳着跳着感觉就来了。史华慈（Benjamin Schwartz）说，敬神的仪式比敬神本身还重要（见《古代中国思想的世界》），芬格莱特（Herbert Fingarette）说，孔子的中心思想是礼不是仁，十分强调日常礼仪的神圣性，他的书名便是《孔子：即凡而圣》。巫、礼的神圣性都是在过程中、在活动中出现的。

巫术活动这种现象，所有民族都有，西方有，非洲、南美洲也有。但是只有中国很早就把它充分理性化地发展了。在西方，巫术里有关认识世界的方面，技术的方面，包括那些高难的动作，变成了技艺和科学。中国学者李零讲的方技也如此。而情感性的就发展为宗教，用宗教替代了巫术，后来在大传统和精英文化里就没有巫术存在了，小传统里的巫婆也被基督教所严禁，大家都知道中世纪有大规模烧女巫的严重迫害。而在中国，我以为，巫在大小传统里都保留下来了，小传统便是今天还有的巫婆神汉,大传统就是通过祭祀祖先的仪式慢慢变成精英文化的"礼仪"。上述那些巫术基本特征,不但没有被排除,而且经由转化性的创造,被保留在礼制中,成了"礼教"。礼教成了中国大传统中的"宗教",正因为它,中国人(汉族)就没有产生,也没有普遍接受犹太教、基督教、伊斯兰教。为什么呢?因为神就在"礼仪"当中,**严格履行礼仪就是敬拜神明**,因此也就不需要别的神明主宰了。

何炳棣教授说的中国文明的两个特征,我是很赞成的,一个是中国的氏族血缘延续得非常长久、巩固,中国新石器时期非常漫长,生产工具很落后,铁器到很晚才使用,但定居时间很早,农业开始得很早,因此协作性很强,工具不进步就得靠互相协作。因此**群体之间的人的关系从开始就非常注意**,怎样协调,把个体之间的相互关系搞好,使之有助于群体生产。于是,以血缘纽带为轴心所形成的人与人的"伦常"关系,便以"名"的称号固定为等级秩序(即后来的"君君臣臣父父子子"),成了社会主要的组织形态和生活秩序而十分重要。还有一个与此紧相联系的特征,何炳棣指出便是祖先崇拜,很多民族也有祖先崇拜,但中国特别发达,一直到现在都是如此。很多人考证殷商的"上帝"就是祖先神,尽管到了周代用"天"代表上帝,但"天"反而显得很模糊。"天"这个字,到现在为止仍然有双重含义,一个是自然的天,一个是有赏惩权力的天。中国人喊"天哪"，好像就是有神明在那里，但另一方面就是苍苍者天，自然的天。所以"天"并不是很明确，不是基督教上帝那种发号施令的人格神，中国的"天"没有那么清楚。但是祖先神却是很清楚的，祖先是什么，生时为人，死了成神，神本来就是人嘛。考古学家的地下发掘，发现中国新石器时期寝庙相连，就寝的地方，跟宗庙是连在一起的。中国到现在为止，至少在我小时候还是这样，祖先牌位是摆在家里的堂屋（living room），初一、十五要祭，不是在家之外另搞一个教堂。所以我说中国人活得很累，活着要为家族尽责任，死了还有责任要保护这个家族，子孙向祖先进供，希望得到保佑。祖先崇拜在中国很突出。中国特别讲"孝"，包括大小传统。汉代皇帝谥号都是"孝"，孝文帝、孝武帝等。有人考证"孝"本是对祖先神的祭祀，后来才转为对健在的父母的孝顺、孝敬。总之，**"巫"通由"礼"，性存而体匿**，巫术活动的仪典形式不见了，但巫的特征、性格、实质却长久地保存下来了。

中国礼教是由巫君合一而来的伦理、宗教与政治"三合一"，即中国式的"政教（宗教）合一"。氏族、部族的君、王是首巫，最大的巫，是最高的宗教领袖，也是最大的政治领袖，同时又是氏族德高望重的酋长，集中了政治、宗教、伦理的权能，很早就如此。最近的新石器考古发掘证明，在夏代以前，王权与神权就不可分。玉，是王权的象征。我们看京剧、地方戏，大臣上朝都要拿玉版，这是政治权力的象征。最大的权力象征，当然是王的玉。神仙也有玉。《说文解字》里面有一句话，"以玉祀神者谓之巫"。玉既是巫的符号，也是王的符号，刚才讲了，巫与王相重合。王权与神权，政治权力与宗教权力，是相重合的。有考古学家考证，从龙山时代开始，在夏代以前，王权就明显大于神权，王是首巫，他的政治权力可以统率群巫。刚才讲的巫祝卜史，地位都远远在王之下了。又如良渚文化象征王权的"钺"与象征神权的最大最高的"琮"是放在一个人的墓里。王既掌握了王权又掌握了最高的神权，我以为这是使得中国的巫术直接理性化的一个重要因素。

为什么呢？《左传》说，"国之大事，在祀与戎"，一个是祭祀，一个是打仗。中国上古时期打仗非常多，部落氏族之间交战，中国的兵书为什么成书那么早？（《孙子》十三篇，最近有考证表明《孙子》比《老子》《论语》早，是中国最早成书的一部私人著作，这也是何炳棣教授的研究成果。我刚到这儿不久，他寄来一篇文章，还没有发表。我很赞成他的这个论证。）当然跟中国的打仗经验有关了，上古时期打了多少仗啊。夏禹时候有万国，上万个部落来参加大会，到武王就只剩八百诸侯了，这都是打仗打掉了、被吃掉了，到春秋就更少了，只剩下一百多个，到战国便只有"七雄"了。打仗，《孙子兵法》一开始就讲，必须非常冷静、理智地去估计各种情形，不能相信鬼神，不能迷信，这是存亡之道，不然国家一下子就灭掉了，这是开不得玩笑的。《孙子》开篇就强调这个。这是万千战争经验的总结。我说（何炳棣也赞同）老子源出于孙子，也是"历记成败存亡祸福古今之道……此君人南面之术也"（《汉书》）。我觉得这个巫君合一、"王是首巫"，王又统率军队打仗，对"巫"在中国经由理性化而变为"礼"，起了很大的作用，把巫术这种原来带有很大的神秘性、通神明的活动，慢慢地越来越加以理性化的运用和解释，把巫术那套非常烦琐又神秘的仪式，慢慢地变成了"礼"。远古传承下来的禁忌、图腾等以巫术为特色的生活准则、要求，被日益规范化、确定化、系统化：其间当然经历了一个极其复杂的取舍、增删、改动、变异的长久演化过程，有许多阶段、环节和事件，但这些我们现在很难搞清楚了，只知道其中最著名的便是周公"制礼作乐"。

甲骨文有巫字，有舞字，有乐字，但没有礼字。但孔夫子说，"殷因于夏礼，周因于殷礼"，周代的礼来自殷礼，殷代的礼来自夏礼。所以周公"制礼作乐"，不是周公一个人发明的，而是把前代的礼集大成，使之系统化，全面理性化。这个夏字，清人考证是舞字。或许可以说，夏礼就是原始巫术舞蹈。周公所系统化了的、全面理性化了的周礼，实际上是从夏代或者更早的原始巫术舞蹈开始，一代一代传承演变下来。到周公那里，把它系统化、理性化了，完成了这个由巫到礼的过程。这是周公很大的贡献。各种古籍都认为，周公"制礼作乐"是中国历史上最重要的事。宋代以前都是"周、孔"并称，章学诚有句名言，集大成者是周公，不是孔子。孔子一生也就是学周公，维护周礼。关于周礼，现存的典籍有汉代的《礼仪》、《周官》和《礼记》，包括政治体制、社会生活、日常举止许多方面，好些人认为是伪书或后人所作，争论很大。我一直以为其中保留了从巫术典仪转化而来的礼制。1980 年发表的《孔子再评价》一开头就讲这个"巫术礼仪"的问题，并与当年对少数民族鄂温克人调查研究相比较，认为周礼是通过"祭神（祖先）"的礼仪扩而成为社会组织、生活秩序的整套规范。其中包括了政治经济制度、贵族生活规范、社会等级规则，等等。1999 年发表的《说巫史传统》更具体地展开了一些。今天就不详细讲了。前几年看过美国人伊诺（Robert Eno）一本书 *The Confucian Creation of Heaven*（1990），讲孔子是舞蹈大家（the master of dance），儒家的礼是来源于舞蹈，我觉得这跟我的看法比较接近。我一开始就把"巫术礼仪"联系在一起，认为"礼"是从"巫"演变出来的，也就是**把巫术活动的原始舞蹈跟礼乐制度联系起来。当然，巫术中也有静默不动的环节，但主要是活动。**

"礼"的三特点

礼乐礼乐，乐（原始音乐舞蹈）本在礼（礼仪制度）先，但后来归属于礼。所谓礼有几个特点。第一点，礼者，履也。什么意思呢？礼是实践，实践强调的不是人的内心活动，不是个体通神、上天的内心超越，而是个体在现实生活中的行为、举止、活动，**"礼"的许多仪式、规矩、准则、范例，都是针对人的活动、行为、举止、言语甚至面容而设定的，而且必须有顺次、有规则、有秩序地去做**，要求得很清楚、很严格。《仪礼》所记载的各种礼仪就把人的日常行为举止规定得很细密、严格。有一句话，"无礼则无以措手足"，没有礼的话，连手脚都不知道怎么摆，礼的实践性可以到这个程度。礼仪礼仪，礼必须跟仪联系在一起，礼仪是要人去做而不是要人去想，巫的上天、通神是活动，是去做，而不是去冥思、去想。"礼（禮）者，体（體）也，言得事之体也。"（刘熙《释名》）合乎礼数的周旋酬对、俯仰往还，无不是通过切身实践，把方方面面、大大小小的事情做到位、得体、适宜、合度，使人世各种关系在这实践、操作过程中得到合适的落实。"礼有五经，莫大于祭"，祭礼是最重要的，祭祀把人的各种关系，长幼、父子、夫妇、兄弟、朋友，通过仪式的活动即实践，把远近亲疏上下尊卑安排规范得十分明确。并且以语言、名分确定下来，不能违背，"名位不同，礼亦异数"，孔老夫子讲"为政"，首先便是"必也正名乎"。所以，礼教又称"名教"。这就叫"礼别异"，通过"礼"的实践活动来区分出人在社会生活中不同的位置、责任、义务。到近代仍然是，一个人死了，他的家人要披麻戴孝，但是由于与死者关系的名分不同，披的麻、戴的孝并不一样，有各种差别，丧服有的要缝边，有的不缝边，最亲近的人不能缝边，必须吃最粗糙的饭，穿最劣质的衣服，以表示最大的哀伤，关系远一些的可以穿得稍好点。各种不同的身份、关系、地位、等级，区分得非常清楚，而且要求不同的情感表现。不像西方，人死了都戴一点黑，动作、姿态、言语、次序等，区别不大。这在中国来说就是非礼。中国的礼讲究得很严，各种活动谁走在前面，谁走在后面，要求很清楚。磕头有多种，有的必须碰地，要发出响声，有的不必如此；有的只叩一个头就可以，有的要三跪九叩。其实这些都来源于原始的巫术活动，上面已讲，很多人类学家研究部族巫术，假如有一步弄错了，就得处死，因为弄错一步就认为会给部族带来灾难。中国的礼也类似，非礼是很严重的问题。礼是现实生活不可逃避，更不可违背的实践法规，是不成文的法。

　　以上是礼的第一个特点，它要求实践，在实践中不能违背严格的步骤。礼的第二个特点，是对社会生活的全面规范化，不仅仅是祭祀的时候，而是通过祭祀，把整个社会生活的各个方面都安排、规定好。中国的家族系统和制度就是以丧礼"五服"等差秩序来制定、规范、推扩出来的，把人的不同实践活动和这些活动的外在形态包括衣食住行如服饰、食品、住房、步伐等，从而也就把人际世间的现实生活规范、安排成为一个大系统。《仪礼》非常繁细，但被称为《礼经》，例如，客人来了怎么接待，他坐哪边，你坐哪边，他怎么举酒，你怎么举酒，都有严格规定，不能错的，错了就是失礼，是很严重的事。比如结婚，现在很简单，但是古代有二十四个步骤，问礼呀，纳聘哪，规定非常详细。西方对原始部族的纪录片里，也可看到很多步骤，但是没有中国这么复杂。任何一件事情，都有很多步骤，有很多礼。我这里有一个材料，有七八十项礼的要求，囊括生活的所有方面，吃饭有礼，出门有礼，走路也有礼。到汉代，董仲舒结合阴阳家、道法家把上古这套礼制转化性创造为"仁，天心也"的"有情宇宙观"，用"天人感应"的"天人合一"方式来作政治制度的安排。殷周以来由巫到礼，行走中的神明变为行走中的天命、天道，到这里就更加系统地政治化了。巫君变为天子，上天、通神变成承担天命、天道，并接受天谴。君王（也包括大臣、士大夫）上天、通神的痕迹基本看不到了，但天子必须祭天，而天可以用自然灾异来谴责君主（天之子），有地震、天灾，皇帝要下罪己诏，要罢免宰相，等等。这个天人感应、天人合一的巫术特征，依然强劲地保留着，对现实生活严格规范的礼也依然保留着。从此以后，尽管历代有许多增删变异，这基本精神却一直延续下来。就拿吃饭来说，我记得小的时候，全家一起吃饭，祖母、父亲、母亲、弟弟和我五个人，必须祖母先拿筷子吃，我们才能吃，自己先动筷子就不礼貌，而且保持一种严肃的气氛，平时也要求"坐有坐相，站有站相"，不许东歪西倒，如此等等。我们已是现代社会的小家庭，都如此，古代大家庭、大家族就更不用说了，非常之讲究。中国人吃饭、写字一般用右手，很少用左手，但在美国用左手的就很多。我记得小时候，我妹妹左手用筷子和写字就不被允许，必须改用右手。《仪礼》乡饮酒礼，农村老幼在一起宴会，相当于开派对（party），里面有什么规定呢，五十岁的人得站着，六十岁的人就可以坐，六十岁的人吃三个碗，七十岁的人可以吃四个碗，八十岁的人可以吃五个碗，九十岁的人可以吃六个碗。而且在结束的时候，必须老人先走后，年纪轻的才能走。孔子说，"杖者出，斯出矣"。我记得小时候还很注意这一点，年纪大的人先走，我们才能走。这不是政府规定的，也不是法律规定的，而是来源久远的一种习俗，直到几千年后都还存在。厉害吧？！

　　为什么能这样长久传承延续呢？为什么这么一套烦琐的生活规范，却必须严格遵守、履行呢？这就是我要讲的第三个，也是最重要的特点："礼"有神圣性。正因为它非常神圣，所以必须遵守、不可违背。礼来源于巫，巫术里面有神明，因此这些"礼"的规范不简单是人间的法规，"礼者，天之经，地之义，人之行"。天经地义，是天地给人规定的。违反了礼，不仅是违反了人间的习俗、规矩、法规，而且更严重的是触犯了神明，那当然就要遭到各种灾难、惩罚，民间一直有不孝子孙要遭天打雷劈的说法。所以人的"行"（行为、活动、举止、言语、面容等）必须符合"礼"的规范，才能与神明、与天地合拍和沟通。所有这些，都恰恰是保留了巫术的基本特征、基本精神，但是把它完全世俗化、理性化了，成了人间的一种神圣的秩序。许多学者讲，宗教与世俗的很大区别就是，那个是超乎经验的世界，这个是经验的世界。而中国恰恰不是这样，中国是将这两个世界合在一起，**神就在这个世界也包括在人间的"礼"中，人间的礼仪就是神明的旨意，人与神同在一个世界，所以"礼教"成了中国的"宗教"。**

正由于没有很明确的另一个世界，中国传统也就很难谈什么"超越"，因为没有另一世界，人又能"超越"到哪里去呢？有诗曰"山气日夕佳，飞鸟相与还。此中有真意，欲辩已忘言"，"问余何事栖碧山，笑而不言心自闲。桃花流水杳然去，别有天地非人间"。**中国人喜欢讲的是这种回归自然却仍然是在这个世界中的心境超脱，而不舍弃身体追求灵魂离开肉体到另一个世界的超越，**也就是说，中国人讲超脱不讲超越。中国人崇拜的"天地国亲师"都是相当有现实感的对象，即使是无声无臭的天意、天命，仍然不是发号施令、全知全能的主宰神。即使神并不全在"礼"中，但仍然缺乏根本不同于人的那种不可认知、不可理解的神。中国讲"阴阳不测之谓神"，是说神明在活动中、行走中（这也就是"道可道，非常道"的"道"）的不确定性，而不是一个不可预测不可理解的人格神（personal God）。

也是在周初，中国讲"德"，道德的德。德是什么呢？它最初也是在巫的活动中出现的一种魔力，magic force、magic power，后来变成王的行为、能耐、力量，王是大巫嘛。最后才变成内心的道德。magic force、magic power 变成 magic moral、magic character，德字里面的心字是后来加上去的，原来所指巫术活动的力量，变成了一种道德、品格，这是一种带有魔力的心灵：有德的王是圣王，圣（聖）字从耳，因为神明看不见，只能听到，"圣人之大宝曰位"，上天、通神的圣必须有王的位势，所以后人把王位看作神器，这都体现出巫君合一的特点。这些东西都是联系在一起的。在周初还有一个字，也是比较突出的"敬"字，尊敬的敬。敬的特点是什么呢？现代新儒家，徐复观先生和牟宗三先生有两段非常哲学化的论述。徐先生说："周初所强调的敬的观念，与宗教的虔敬，近似而实不同，宗教的虔敬，是人把自己的主体性消解掉，将自己投掷于神的面前而彻底皈依于神的心理状态。周初所强调的敬，是人的精神，由散漫而集中，并消解自己的官能欲望于自己所负的责任之前，凸显出自己主体的积极性与理性作用。"牟先生说："在敬之中，我们的主体并未投注到上帝那里去，我们所作的不是自我否定，而是自我肯定（self-affirmation）。仿佛在敬的过程中，天命、天道愈往下贯，我们主体愈得肯定。"徐先生和牟先生用"敬"来解释中国哲学的特征。而我恰恰要问这些特征是从哪里来的。我认为是从巫术来的，我得出的结论是，中国的特点与西方的特点不同，不仅是哲学特点的不同，也包括宗教特点、文化特点的不同，它们来自巫术的理性化，来自巫术没有被宗教所驱逐，而变成了礼制的精神，即中国的"宗教"（注意：加了引号），即"礼教"、"名教"。中国的特点是，天大，人也不小。《老子》里讲，"天大地大王亦大"。西方不是这样，上帝极大，人很渺小。中国的"敬"不是寄托在崇拜对象上，一切依靠上帝，而是放大自己的主体力量，通过自己的活动使神明出来。为什么？哪里来的？巫术里来的。

与许多民族从巫术走向宗教不同，中国从"巫"走向了"礼"，巫术中那些模糊、多元、不确定却在行走中的神明变成了"礼"在履践中的神圣性，它的内心状态变成了那同样是模糊、多元、不确定却在行走中的"天道"、"天命"出现在自己（个体）行为活动中的神圣感、使命感、责任感，也就是两位先生讲的"主体"、"自我肯定"的"积极性"。这就正是我讲的巫的理性化。

中国的"礼教"与基督教等不同，它可以允许人们去信别的宗教的神、拜别的菩萨。为什么？**因为那些神、那些宗教只关乎个人的生死、身心、利害，而不是"天道"、"天命"关系着整个群体**（国家、民族），这恰恰是原始巫术活动的要点：是为了群体生存而非个体命运。这也就是**中国缺乏个人主义的原始根由**。尽管巫医相连，巫也治病、养生而关乎个人，但作为"巫君合一"的大巫演变为君王以后，便主要是主政，作为政治、军事首领来承担天命、治理百姓而非着重个体了。由巫到礼之后，更是如此。这是政治方面。在社会方面，由礼教所构建形成了"中国生活方式"（重现世生活、人伦关系、情感价值，并把它们提升为神圣性的信仰），并以此既抵制又容纳和同化了许多不同的族群、文化和宗教。这从两汉、魏晋到隋唐一直延续下来。

历史使命感

从内在心理方面说，"德"、"敬"作为主观心理状态都与"巫"有关，是由"巫"演变即理性化之后的产物。它们把巫术中有关"爱"的迷狂情感和神秘魔力理性化了，成了世俗化和人际化的道德、品格、心理。所谓"理性化"也就是将理知、认识、想象、了解等各种理性因素渗入、融合在原始迷狂情绪之中，并控制、主宰这种迷狂，成为对人们（首先是首领、巫君）的行为、心理、品格的要求和规范，这也就是上面已强调过的巫的情感特征的转化性创造。但是，"鬼神乃二气之良能"、"思之思之，鬼神通之"，特别是宋明理学受佛教影响，大讲半日静坐、孔颜乐处等之后，便又把这种巫术通神、上天的神秘经验在后世传承甚至更加张扬出来，甚至到今天。在哲学上，牟宗三讲"智的直觉"，冯契讲"转识成智"，都可看作是它的展现，即以超出或超越理性的方式去获得真理、感受生命、"体知"天意（或天命、天道）。孔子有"天生德于予，桓魋其如予何"、"文王既没，文不在兹乎"的自命，孟子有"我善养吾浩然之气……其为气也，至大至刚，以直养而无害，则塞于天地之间"的自信，但我以为，这里重要的恰恰是将原始巫术的上天、通神的特色，转化性地创造为对世间人际的一种饱含情感而又理性的历史使命感与社会责任感，即对所谓天命、天道、天理、天意的承担。正如巫的上天、通神本身并非目的，而是为了求雨、救灾一样，儒家的"内圣"也并非目的本身，而是为了"外王"。孔子所说高于"仁"的"圣"，是"博施于民而能济众"。**巫的上天、通神的个体能耐已变为历史使命感和社会责任感的个体情理结构，巫师的神秘已变为"礼—仁"的神圣。这神圣不在所崇拜的对象，而就在自己现实生活的行为活动、情理结构中，这才是要点所在。**文天祥说："天地有正气，杂然赋流形。下则为河岳，上则为日星。于人曰浩然，沛乎塞苍冥。皇路当清夷，含和吐明庭。时穷节乃见，一一垂丹青。在齐太史简，在晋董狐笔。在秦张良椎，在汉苏武节。为严将军头，为嵇侍中血。为张睢阳齿，为颜常山舌。"巫史传统承续下来的，就是这种理性化而又饱含情感的情理结构：**一方面是超脱世俗、回归自然，上下与天地同流，另方面是天下兴亡、匹夫有责，知其不可而为之**。总而言之，周公"制礼作乐"是对原始巫术的外在理性化，孔子"归礼于仁"则是承继周初的"敬"、"德"而将之内在理性化了。这也就是"由巫到礼"、"由礼归仁"，即巫的内外理性化的中国传统。

记得几年前在一次对谈中，我说 Benjamin Schwartz 喜示中西之同，A. C. Graham 好揭中西之异，我倾向于后者，因我觉得明其异才更识其同。我强调巫的理性化，一直不赞同说中国早已政教分离，古代巫术已进化到宗教，巫已消失，也不赞成 Max Weber 的脱魅理性化必须在近代，也不接受 Karl Jaspers 的轴心突破说。我强调认为，巫进入礼，以后释礼归仁，其基本性格（情感性、活动性和人的主动性）仍然存在，即所谓"性存体匿"。西方神学正统不讲人与上帝合一，只有人去皈依上帝，上帝全知全能，甚至不可认知而只能信仰。中国则是，天也要讲道理，天也得听老百姓的，"天视自我民视，天听自我民听"，甚至人可废天，"苍天已死，黄天当立"，等等。因为，天道即人道，而且天道来自人道。由此也可见中国是一个世界，西方是两个世界，所以只有中国才有"天人合一"，而不同于西方的"神人异质"，不同于希腊与希伯来的理式与现实、天堂与俗世、灵魂与肉体的截然两分，前者为本源、真理和道路，后者只是模仿、堕落和罪恶。中国巫史传统没有这种两分观念，才可能发展出实用理性和乐感文化，它追求中庸与度，讲求礼仁并举、阴阳一体、儒法互用、儒道互补、情理和谐，显然不同于西方传统的上帝至上、理性至上。

"由巫到礼"的理性化，当然不止于儒家，我在《美的历程·先秦理性精神》和《说巫史传统》里都突出提到和论列了道家及各种思维范畴，今天就不详细讲了。大家如有兴趣，可以去翻翻那些文章。

我一开头说，"由巫到礼"是一个比较难讲的题目，而它的重要性被忽略掉了。因为研究得很不够，我只能就其重要性即对中国文化、中国哲学的源头性的特征这一点提示一下。最后我想用几段过去的话来作结尾：

> 周礼是什么？一般公认，它是在周初确定的一整套典章、制度、规矩、仪节。本文认为，它的一个基本特征，是原始巫术礼仪基础上的晚期氏族统治体系的规范化和系统化。作为早期宗法制的殷周体制，仍然包裹在氏族血缘的层层衣装之中，它的上层建筑和意识形态直接从原始文化延续而来。（《孔子再评价》1980）

礼仪即人文，它本是任何远古民族都具有的神圣制度，通由它团结人群，巩固秩序，建立人性。它最早是巫术：一种象征性的精神生产，亦人类最早的上层建筑和意识形态。"以此，人类行为的整个领域，皆被纳入巫术性象征主义罗网中"，"即使最轻微的背离……都将导致整个仪式无效"，"美洲印第安巫师在主持宗教舞蹈形式时，唱错曲子的人立即处死，以免神灵生气"（韦伯《经济与社会》第二部）。在中国，如何由远古这种巫术仪式逐渐演化推进为殷商礼制，即如何逐渐理性化和政治化（在中国，这两者是同一过程），宗教性与政治性如何组织结构，乃上古思想史尚未解决的重要课题。如前所说，我以为，中国巫史文化使原始巫术与伦理政治融同，形成"三合一"的礼制，它是伦理，又是政治，又是宗教。正是此种"三合一"，才形成了以情为本体的儒学和随后的"儒道互补"、"儒法互用"。"道"、"法"为形式，"儒"仍为心魂，其缘由正在于它由巫术型的文化传统而来，成为中国上古的"巫史文化"。巫的特征之一是人能主动地作用于神，重活动、操作，由此种种复杂的活动、操作，而与神交通，驱使神灵为自己服务，这与仅将神作乞求恩赐的祈祷对象，人完全处在被动祈祷的静观地位颇为不同。各原始民族都有巫术，今日现代生活中也仍有巫的痕迹。但中国巫术传统因与政治体制和祖先崇拜相交融混合，并向后者过渡而迅速理性化，就形成了一种独特传统：巫（宗教领袖）也就是王（政治领袖），禹、汤、文王都是大巫师，死后更成为崇拜对象。祖先成为祭祀的中心，经由巫术中介，人神连续（祖先原本是人），合为一体，这正是中国"一个世界"的来由。而祖先崇拜本来与氏族血缘的伦理秩序连在一起，实际是建立在这关系秩序之上的。这一切，到周公"制礼作乐"，就完成了一套非常理性化、系统化的宗教、政治、伦理三合一的体制了。孔子以仁释礼，是为了挽救这早熟的礼仪体制的崩溃，而求助于原巫术传统的情的方面，但因已有强大理性在，此"情"便不再是那神秘的不可言说，而成为既世间又超世间的敬、畏、诚、仁等。所有这些，都是极其复杂的历史和思想史过程。（《论语今读》3·11）

荀子说，"凡礼，事生饰欢也；送死饰哀也；祭祀饰敬也；师旅饰威"是给情感以确定的形式而成为仪文典式。"仁内礼外"从而"仁先礼后"，似成定论。但此内在之"仁"又从何处得来？成了最大问题。孟子归之先验善端，却难离感性；朱子归之"天理"，又似成他律。反不如荀子舍仁谈礼，由外在规范而内在心性，倒更明白一贯。我以为，礼乃人文，仁乃人性，二者实同时并进之历史成果，人性内容（仁）与人文仪式（礼）在缘起上本不可分割：人性情感必须放置于特定形式中才可能铸成造就，无此形式即无此情感，无此"饰"即无此"欢"此"哀"此"敬"此"威"也。（《论语今读》3·8）

远古巫史文化使中国未能发展出独立的宗教和独立的政治，而形成以具有神圣巫术—宗教品格性能的礼制（亦即氏族父家长制下的伦理血缘关系和秩序）为基础的伦理、宗教、政治三合一的上层建筑和意识形态。正因为如此，伦常、政治均笼罩和渗透在神圣的宗教情感之下。由畏（殷）而敬（周）而爱（孔子），这种培育着理性化的情感成为儒学的主要特征。它不断发展并普泛化为宇宙规律（汉儒："仁，天心也。"）和道德律令（宋儒："仁者，心之德，爱之理也。"），情感（仁、爱）成了"天心"、"天理"的本体所在。无论是"儒道互补"或"儒法互用"，不管是"内圣"或"外王"，这一本体或特征始终是其内在的魂灵。所以，不是天本体、气本体、心本体、性本体，而是"情本体"才是儒学要点所在。（《论语今读》3·4）

易经本卜筮之书，却蕴含、讲说着好些历史史实和经验故事，功能又仍在使人去影响客体、作用对象，主观选择性、能动性甚强，并不同于匍伏、祈祷、自甘受制于对象的宗教崇拜。这是了解中华文化的要点，也是我强调"一个世界"、"情本体"、"实用理性"、"乐感文化"的历史根源。（《论语今读》5·18）

我就先讲到这里，请大家提问。

提问者一：我用广东话问，可以吗？

李泽厚：没关系，请工作人员翻译。

翻译：他说，周礼来自殷礼，殷礼来自夏礼，那么夏礼又来自哪里呢？是谁创造的呢？

李泽厚：以前都说中国最早的朝代是夏代，夏代以前就不可考了。但是现在的考古学家发现，夏代之前还有龙山文化，那时候没有什么文字。甲骨文是商代的文字，这些文字已经很成熟，因此推算在夏代应该有文字，但现在还没有发现。新石器时代的陶器上发现有一些符号，它们到底是文字还是族徽，不清楚。所以我刚才讲，从巫到礼的这个问题有难度，因为材料不够，带有很大的假说性质，还是推测。西方很多学者否认有夏代存在，他们相信顾颉刚"古史辨"的观点。不过大陆的考古材料证明有夏代，地点也搞得差不多了。夏代之前就是龙山文化，有黑陶。这二十年的中国新石器考古，收获特别大。以前总讲黄河是母亲河，中国文化是从黄河流域向外面辐射出去的。现在看来不对，中国文化在很早以前就是遍地开花，用考古学界的说法是"满天星斗"，从东北到南方，到处都是。浙江发现的河姆渡文化，它比中原的文化还早，木结构、稻谷，是非常成熟的文化。原来说稻谷是从外面来的，不是，中国南方早就有了。在新石器时代，南方文化看来比北方发展得还早，还更加成熟。这些文化慢慢都融合到一起了。这个过程到现在还不清楚，到底是怎么样"融合"的，现在还不清楚。但可以肯定的一点是，在夏代之前还有很长的阶段。中国的很多问题，还要靠地下材料来回答。包括我刚才讲的由巫到礼的问题，需要地下材料进一步证实。

提问者二：轴心时代的孔子，在谈到士人的人格培养时曾经说过，"兴于诗，立于礼，成于乐"。李先生以前在《华夏美学》里谈过这个问题。在孔子那里，诗是很重要的，要兴于诗。在巫的时代，诗也很重要，《尚书·尧典》首次提出"诗言志，歌咏言，声依永，律和声"，这段话后面还讲到率百兽而舞，这与巫就更有直接关系了。这个诗言志的志，好像就是与巫有关的天意。现在要请教李先生的是，为什么从巫到礼的阶段，诗对于人的培养一直都这么重要，一直都有神圣性呢？

李泽厚：你讲得很好。诗是很重要的。在巫术原始歌舞里面，唱歌、跳舞跟念咒是连在一起的。诗的语言，它有一种魔力。现在的巫术作法都还念念有词，虽然不知念的什么，但言语好像就可以指挥、驱动万物，具有一种魔力，具有神圣的、神秘的力量。到孔子时代，春秋时候的诗，也不简单地是表达个人感情。诗有重要用处，比如在外交上，"不学诗无以言"，不然就没法做外事工作，外交官都要先引几句诗，引用神圣的诗的语言来说服对方。这很重要。

我刚才没怎么讲孔子，主要讲到周公为止，周公把巫术礼仪，把外在的巫术仪式给理性化了。到了孔子时代，礼崩乐坏了，怎么样维持礼制，要找一个依据出来，这个依据是孔子找到的。因为再讲巫术神明之类已经没人相信了，依据在哪里呢？孔子把它归结于内心。我经常引用《论语》的一则对话。宰我说三年之丧，父母亲去世，要服丧三年，这个时间太长了。孔子问他，你觉得三年太长，那多久合适。宰我回答，一年就可以了。孔子没有说，一年不行，因为这是传统习俗，或者是上天旨意，孔子只是说，一年的话，你心里安不安？宰我回答，心安，很好，无所谓。孔子说，你觉得安，那就一年吧。三年还是一年不重要，重要的是孔子把它归于心理的"安不安"。这却十分重要。因为这个"安不安"显然是一种情感心理，但又不只是自然情感。子女对父母可能有自然生理的幼年依靠的本能基础，儒家却把它提升为一种自觉的、含有理知认识的"子生三年然后免于父母之怀"的情感回报的"孝"。儒学重视情感性并以之为本源，我以为也来自"巫"，但是把巫的情感理性化了。孔子并不讲这是上帝的命令，也不讲这是政府的规定或习俗的要求。不是这些外在的，而是内心这个"安不安"。所以孔子讲"人而不仁，如礼何。人而不仁，如乐何"。因为礼乐在当时都流为形式的东西，如果心里没有感情，外在形式就没有意义。

孔子把外在的礼仪归结为内心的情感。而这情感是从哪里来的？我认为这不是一般的情感，它跟巫术有关。是巫术里面所追求的那种神明，神而明之，那种神圣的、真诚的情感，来源于这里。现在仍然讲，"诚则灵"，是要培养那种神圣的、诚挚的、真实的情感，才能通神明，上天入地。甚至它本身也就是神明。神明就在自己。我认为，作为"全德"的"仁"来自这种情感。仁、诚与礼、乐，本是巫术活动的内外一体两面，周公制礼作乐，把巫术活动的外在方面理性化了，孔子讲仁、忠信，把巫术活动的内在方面理性化了。孔子甩掉了那些迷信的、神秘的东西，把它归结为世俗的、普通的、经验的"爱"，但在这"爱"里面又仍然保留着某种神圣性，所以说对父母的"孝"必须有"敬"，"不敬，何以别乎？"包括"勇"也如此。"勇者不惧"，什么也不怕，既不怕苦也不怕死，它并不是讲自然的身体力量，单凭自然血气之勇，"暴虎冯河，死而无悔"便并不为孔子欣赏，这种勇的力量从哪里来呢？根源还在于这种内心的神圣性。孟子说过，"虽千万人吾往矣"。我在《中国古代思想史论》（1985）讲了孟子"最为奇特"的"养气说"，认为他那"集义而生"的"气"是"凝聚了理性的感性力量"，"而与宇宙天地相交通"，"这也就是孟子所再三讲的'夫君子所过者化，所存者神，上下与天地同流'"。这其实就是"巫"的特征。虽然理性化了，仍保留了巫的神圣力量，但已经是一种融入理性的情感和意志，即情理结构中的自由意志。

总之，周公把巫外在化为人文制度，孔子把巫内在化为人性情感。诗，感发心意、情感。诗言志的志，后人讲成是个人的志。朱自清《诗言志辨》讲得清楚，实际上还是传道，这"道"就是天道。孔子说"朝闻道，夕死可矣"，知道天命了，就无计生死了，至于个人的上天、通神并不是很重要，即使在非常讲究修心养性、养气治心的宋明理学家那里，与神沟通的神秘经验也并不占首要位置。自觉地、理性地承担起天命、天道、天理，经世致用、救民于水火的使命感，实际上更为重要。这才是真正的儒家、儒者。

　　提问者三：中国文化把人的地位估计得很高，不惧神，为何在中国文化中，对个体的价值没有充分的尊重，而西方的人地位没有神高，却对个体价值有充分的尊重？您怎么解释这种现象？

　　李泽厚：两个原因，一个就是中国的氏族制度。中国的新石器时代非常长，氏族制度发展得非常充分。氏族制度要求人在群体中复杂高度地协作，人始终不是一个独立、自由的个体，而是氏族中处于一定位置的成员。人有五伦，我不只是我，而是父亲的儿子，是儿子的父亲，是丈夫的妻子，是妻子的丈夫，是哥哥的弟弟，是弟弟的哥哥。人的一生，要尽自己在群体中的生存义务，只有这样才能够在群体中生活，这就是人生意义、生活价值和生存命运之所在。古希腊的社会组织不同，生活环境不同。这是现实生活的原因。另外一个原因与精神有关。西方在上帝面前人人平等，面对末日审判，父子也可以等同于兄弟。中国非常不同。中国的人际关系区别得很细。所以在中国，"名"、"名分"很重要，"名不正则言不顺，言不顺则事不成，事不成则礼乐不兴，礼乐不兴则刑罚不中"，多么重要！"礼教"又称"名教"，即以"名"来定关系的亲疏、义务的轻重、利害的大小，也规定了不同的感情、态度。叔叔与舅舅有区别，姨妈与姑妈有区别，姑表姨表都不同。西方不一样，叔舅一个词，不讲区别。中国的区别是讲亲疏。姑表就比姨表亲，贾宝玉就讲，与黛玉的姑表关系比姨表薛宝钗要更亲。中国人活着就在于"尽伦"，道就在伦常日用之中，"天大人也大"，不是个体大，恰恰是讲群体大，或代表群体的"王"大，亦即"道大，天大，地大，王亦大"，是一般意义上的人很大，而中国的个体是小的。新石器时代的氏族制度，通过后来的礼制化，个体变成礼制化的一个环节，只是五伦关系中的一种存在。所以我认为在中国古代，并没有西方那种个人主义。

提问者四：请教一下李教授，中国古代的人神关系到底有什么特点？在巫的时代信仰多神，从巫到礼之后，人比神越来越凸显出来。不知道是不是这样。就是想问一下，中国的人神关系与西方有什么区别？

李泽厚：我对西方文化的了解也不多。就西方来讲，上帝是全知全能的，人不能参与神的工作，神是超乎一切的，是在经验之上的，神的意图，人不理解也必须接受。中国是比较多元的，神也比较讲理，不合道理，你可以不相信、不接受。信也有一定的道理。台湾信妈祖，我不知道香港人信什么，还有人拜观音菩萨，还有关帝。关云长，本来是一个有很多缺点的人，死后变成了神，因为他讲义气、重情谊，忠于刘玄德，生是伟人，死后就成了神。所以也可以拜。中国的人与神的关系，与西方不太一样。中国家家都拜自己的祖先，祖先本来就是人。基督教的上帝不是人，耶稣是亦人亦神，信上帝、耶稣就不能拜祖先，不能敬别的神。中国的人神界限不像西方那么清楚，神也没有那么大的力量，道教有玉皇大帝，但还有孙悟空大闹天宫。中国人不像西方虔诚信徒对上帝那么敬畏。尽管有人讲，奥斯威辛之后上帝死了，但仍然在信。中国没有那种情感。我说中国文学出不了陀思妥耶夫斯基，因为中国人没有那种宗教情感。中国讲人际和谐，而超乎人际的方面讲得少。孔夫子总是注重现实生活，"未知生，焉知死"，"未能事人，焉能事鬼"，"子不语，怪力乱神"，"天何言哉"，连"天道"都很少讲。注重的是如何做事、做人，不讲灵魂如何受难和拯救，这是中国人的特点。汉民族历史发展得这么长久，人口规模这么大，是一个奇迹，而且文化始终没有断过，都与这个特点有关。无论古埃及还是古巴比伦，我去年到南美，印加文化、玛雅文化都消失了。只有中国文化一直没断，现在看来这个文化的时间，比我们估计的还要长。为什么这个文化有这么大的力量？下一步又会怎么样？该怎么样？这是很现实的问题。我就想把文化特点推到源头上去，看看是怎么回事，学者能做的也只是这么一小点。

提问者五：您说由巫到礼，可是我相信还有很多巫术存在。我觉得拜祭祖先，好像巫术是与礼联系在一起的。

李泽厚：中国现在仍然有巫术，它变成小传统的一部分了。例如巫婆，原始巫术与这个应该也很像。孔子讲，"女为君子儒，无为小人儒"，要做君子式的儒者，不要做小人式的儒者。这话没有确切的解释。我认为，君子儒就是要成为周公礼制的传承者，小人儒就是成为民间的巫师。我小时候还看见过，人死之后，请和尚念经，请道士念咒，同时还请一些儒生喊礼。"喊礼"，这个很形象啊，就像和尚、道士一样。这是"小人儒"，在孔子时代就有，专门做一些仪式性的活动，变成巫史祝卜之类。我这次讲演，就是认为巫不能一概被看作小传统，而是要看到其精神被吸收到大传统中来了。总之，巫在中国文化中没有被排除，小传统承接了巫的"形"（外表、仪式），大传统承接了巫的"神"（实质、特征）。"礼"是属于大传统的，"君子儒"不是仪式的简单执行者，而是神圣"天命"、"天道"即群体生存延续历史使命的承担者。至于个体的上天、通神、超越、神秘，并不显著也不特别重要了。

好，今天就讲到这里，谢谢大家。

（2001 年 6 月 26 日在香港城市大学中国文化中心讲演录音，予沉整理，有增删。原载《中国文化》2014 春季号）

释礼归仁（2014）

"有情宇宙观"

问：前面几篇，你主要强调周公的"制礼作乐"，即通过巫—祭—礼将节目性、仪式性的典礼转换性地创造为贵族日常生活的细密规范和严格秩序。但你又讲"周、孔并称"，孔子在这巫史传统中的地位又如何呢？

答：这其实已经讲过了，这就是周公从外在体制、制度方面，孔子从内在心理、情感方面将远古巫术理性化，形成了中国人的人文（外）和人性（内）。周公是"由巫到礼"，孔子是"释礼归仁"。因为礼崩乐坏，必须为"礼"找一个替代巫术神明的坚实依据，这就是孔子的"仁"。

问：但"仁"到底是什么却不清楚。《论语》中提"仁"近百次，却并无定义或答案。你能概括说说，"仁"是什么吗？

答：如我前面的文章所说，"仁""是以亲子情（孝慈）为主轴，辐射开来却具有神圣性质的以爱为核心的人际心理的概括总称"（《说巫史传统》），"即当年要求在神圣礼仪中所保持的神圣内心状态。这种状态经孔子加以伦理化，名之为仁。孔子要求将'仁'落实在日常生活、行为、言语、姿态中"（同上），"强调巫术的礼仪中敬、畏、诚、庄、信等基本情感、心态而加以人文化、理性化，并放置在世俗日常生活和人际关系中，使这个生活关系本身具有神圣意义"（同上），如此等等。

问：你一直强调"仁"的神圣性，但在1980年《孔子再评价》一文中，你把"仁"做了一种世俗多因素的结构解释。这种结构解释在当时算是破天荒。

答：我至今仍然坚持"仁"是这个四方面的结构体，即由"血缘基础、心理原则、人道主义和个体人格"所形成的人性结构，也就是我后来《论语今读》所提出的"情理结构"（emotion-rational structure）即"情本体"（emotion assubstance），其中的情理交会既区别于禽兽动物，也区别于理性机器，这是我数十年没有变动的人性论的观点圆心。我以为孔老夫子讲的就是这个"心理成本体"的人性论,而它正是巫史传统的延续发展,所谓"吾与巫史同途而殊归者也","殊归"于这个"情理结构"。兹抄录《孔子再评价》文中对第二因素或方面"心理原则"的一段话如下:"这里重要的是,孔子没有把人的情感心理引导向外在的崇拜对象或神秘境界,而是把它消解、满足在以亲子关系为核心的人与人的世间关系之中,使构成宗教三要素的观念、情感和仪式统统环绕和沉浸在这一世俗伦理和日常心理的综合统一体中,而不必去建立另外的神学信仰大厦。这一点与其他几个要素的有机结合,使儒学既不是宗教,又有替代宗教的功能,扮演准宗教的角色,这在世界文化史上是较为罕见的。"这也就是中国巫史传统中"释礼归仁"的关键一步。"礼由于取得这种心理学的内在依据而人性化……**由神的准绳命令变而为人的内在欲求和自觉意识,由服从于神变而为服从于人、服从于自己,这一转变在中国上古思想史上具有划时代的意义。**"（同上）总之,孔子一方面强调与巫史同途,即同样具有神圣或神明的来由,但同时更强调"殊归"于"德",亦即归于自觉的人性（Human Psychology）。之后,孟、荀各开拓了一个方向,后面也许要讲到。

问:现在就可讲讲,你不一直尊荀贬孟吗?

答：我一点也不贬孟，最近讲伦理学，我还特别强调孟子"大丈夫"是"不得了，了不得"的贡献，也就是 1985 年我讲的，孟子以其来自巫术通神而加以理性化的"奇特"的养气说，即把远古养气通天的神秘本领，世俗化地人间化地解说为，在**现实生活中建立起个体人格的伟大力量**。"舜何人也，余何人也，有为者亦若是"，"夫志，气之帅也；气，体之充也。……其为气也，配义与道；无是，馁也，是集义所生者，非义袭而取之也"。"义"便是人间化的公正、道义、合宜、责任。"其为气也，至大至刚，以直养而无害，则塞于天地之间。"理性凝聚的个体自由意志成为社会实践的巨大感性力量，如此等等。俱见《中国古代思想史论》，你可去翻阅。

问：你指出这就是中国的"个人主义"。

答：对。我说过中国的"个人主义"是精神上的，无论是儒家入世的个人主义，即孟子这种"富贵不能淫，贫贱不能移，威武不能屈"，还是庄子那种遗世独立作逍遥游的个人主义，都是个体精神上的独立、自主、顶天立地、不受羁绊的伟大人格，而不是现代西方以物质利益、生活利害为现实基础的个人主义。前者属于人性方面，与外在人文制度等处在间接关系中，后者却直接与人文制度的建设相关。但这种个体精神、伟大人格却又不是要舍弃、否定这个现实物质世界，它重在个体精神上对现实的抗争和超脱，而不是不要这个现实（包括自己的肉体生命）的灵魂上天。相反，这种个体精神、伟大人格经常是为这个世界服务的。

问：记得你还说过，孔子仁学这四个方面或因素由于相互制约成为有机整体，也就是实用理性和乐感文化的由来，即你所说的"一个世界"，这正是你讲巫史传统的要点。

答：再抄一段《孔子再评价》的旧文："血缘、心理、人道、人格终于形成了这样一个以实用理性为特征的思维模式的有机整体。它之所以是有机整体，是由于它在这些因素的彼此牵制、作用中得到相互均衡、自我调节和自我发展，并具有某种封闭性，经常排斥外在的干扰或破坏。例如，在第二因素（心理原则：爱有差等）的抑制下，片面发展第三因素的倾向被制约住，使强调'兼爱'、'非攻'的墨家学说的进攻终于失败。例如，在第三因素制约下，片面发展第四因素的倾向，追求个人的功业、享受或自我拯救也行不通，无论是先秦的杨朱学派或后世盛极一时的佛家各派同样被吸收消失"，"它终于成为汉民族的一种无意识的集体原型现象，构成了一种民族性的文化—心理结构。孔学所以几乎成为中国文化（以汉民族为主体）的代名词，绝非偶然"。孔子仁学的"极高明而道中庸"就在于它既有神圣性又有实用性,既"参天地,赞化育"又"道在伦常日用之中"。它既非"兼相爱"、"视敌如友",又非"原子个人"、"自由至上"。而且以这诸因素相互制衡的仁学结构抵挡、包容进而吸收、同化了其他的宗教、主义、意识形态和思想学说,不断对未来作出贡献。这也是"巫史传统"不同于诸多宗教、主义僵硬教条之所在。

问:但你反对各种关于"仁体"的理论、学说。

答:以牟宗三为例。牟大讲心体、性体,认为那就是"仁体"。在牟那里,仁体 = 心体 = 性体 = 道体 = 天体 = 创生实体(即宇宙本体),认为这就是"於穆不已"的"天命",甚至尊之为"圣神":牟以玄奥繁复的现代语言复述了"吾心即宇宙"的心学派宋明理学。

问:当代好些学者也如此。

答:牟和当代一些学者几乎是在重走宋明理学之路。宋明理学深受佛教影响,以"理"与"气"、"天地之性"与"气质之性"、"道心"与"人心"的二分,强调"理"在"气"先、"道心"统摄"人心"、"天地之性"主宰"气质之性"，以此来追求超越这个现实经验世界而达到"喜怒哀乐之未发"，亦即"父母未生我时之面貌"。牟宗三和现代中国学人则受西方哲学影响，以"仁体"、"道体"等作为超越经验现实世界的本体。于是，**在宋明理学，便发生到底是"孝弟是仁之体"还是"仁是孝弟之体"的巨大难题**，而回答恰恰是违反《论语》原意的后者。在牟宗三等人，也有"智的直觉"或"转识成智"的问题，对这个"直觉"、"智"究竟是什么的回答，又恰恰是违反康德原意的神秘主义。（请参阅拙作《论实用理性与乐感文化》）巫史传统使中国没有柏拉图（现实世界和理式世界）或《圣经》（现实世界和超验世界）的两分世界的支援意识，宋明理学一方面大讲"理在气先"却又强调"理不离气"、"理在气中"，一方面讲"道心惟微，人心惟危"，但同时又强调"道心"、"人心"仍然是一心，如此等等。超验本体不能与经验现实截然二分，从而在思辨理论上不能贯串到底、自圆其说。我在上述拙文中专门列了一个小标题"宋明理学追求超验的失败"，可惜无人注意。但是在社会实践上，宋明理学由于有巫史传统的长久传承，却是成功的。

问：如何讲？

答：佛家心空万物，一切唯心所造，以此离世出世。理学"下一转语"（冯友兰），以超验或先验的"理"、"道心"、"天地之性"来主宰世间，要求物质的"气"、"人心"、"气质之性"绝对归属、顺从，从而在思辨学理上强有力地论证和展示了传统社会三纲五伦在现实生活中的合理性、公正性和神圣性。朱熹把"仁"释作"心之德，爱之理"的先验理性，而以世间的一切礼制规范作为"理一分殊"的"人事"的"仪则"，非常具体地规约管辖人间的情爱和关系，强调它的"天之经，地之义"的神圣性，成为人们所必须服从、履行的"应当"，这就承续了巫史传统的"由巫到礼"，再一次从天人之际论证和安排了传统社会现实生活的伦常秩序。

问：牟宗三批评伊川朱子的"理"是"存有而不活动"，是以外在的他律主控人心。只有以心即性即理，从"不安不忍"、"恻然"出发，人才可能有真正"活泼泼的"伦理行为。

答：牟批评朱熹的"理"是外在的他律。"理"作为善恶观念，确乃外在环境所决定，但朱熹把它转化为个体内在的自觉意念和自由意志时，便不是伦理他律而是道德自律了。反而是牟宗三所讲的"不安不忍"、"恻隐之心"，由于推崇为先验甚或超验的"本体"、"道体"，等同于"最后实在"（final reality）或"本源存在"（original being），就更不清楚，而且毛病百出。

问：为什么？

答：牟宗三喜引康德，但是康德那里，本体（noumenon）是超人类的纯粹理性，与感性经验全然无关；本体所发出的绝对律令（categorical imperative）是超感性的先验法则，与人间的幸福、快乐、情感、经验了无干系。所以我曾引冯友兰的话，"康德只讲义，理学还讲仁"。在理学那里，即使"仁"不能等同于爱，"道心"也有别于"人心"，但"仁"毕竟还是"爱之理"，"道心"也不能脱离"人心"，即使伊川、朱子说"仁"是孝弟之本，但仍然不能离开孝弟，而且还说"天理即在人欲之中"，天理与人欲、道心与人心、仁与孝弟、本体与现象都不能截然二分。而且由于讲"理一分殊"，现实生活中的等差秩序不但在理论上有了落实论证，而且可以付诸实施，如各种家规、族训、乡约、里范、祠祭，等等。象山之学于此稍有疏忽，未特别着重外在规范，就被朱熹预警式地责怪认心即理之路会导致忽视人伦秩序的无父无君。阳明后学发展"是非只是个好恶"以及陈确、戴震、康有为、谭嗣同等人果然如此，大都走向了自然人性论。与自然人性论的走向相反，牟宗三极力推崇并宣称承继反性主情却禁欲的刘蕺山，并把明明是经验情感心理的

"恻隐之心"和"不安不忍"的同情、共感、移情等，硬说成是先验或超验的"本体"、"道体"，又没有朱熹那一整套"理一分殊"的现实方略，就不但在理论上难以令人信服，在现实中也不可能有任何效应，便只能是书斋的玄奥理论了。二三十年前我说这已失去时代依据、并无前途可言，只是宋明理学在理论上的苍白的回光返照。（参阅拙作《略论现代新儒家》等文）

"内在超越"？

问：你的意思是说，中国由于巫史传统由巫到礼以及孔子的释礼归仁，而没有，也不可能有两个世界，从而牟宗三等人提出的内在超越也就不成立，也不需要？

答：超越（transcendence）或超验、先验（transcendent、transcendental）一般是基督教流行的概念。"内在超越"（immanent transcendence）被基督教正宗视为异端邪教。超越者是上帝，不能是人，也不能是人的心灵。上帝可以在你心中，但你的心仍非上帝，上帝仍然是"全然异者"（The Wholly Other）。人心只能依归上帝、从属上帝、服从上帝，而不能成为上帝或与上帝合一，所以只能是"外在超越"，而不可能"内在超越"。康德明确说过，"内在"与"超越"直接矛盾，不可能有。这种人与上帝的直接合一，在西方可被视为狂妄的"自圣"，中国理学的"吾心即宇宙"，有"敬"即可，"畏"亦无须，等等，也有类似问题。我也曾问，没有上帝信仰的中国学人大讲"内在超越"，又能"超越"到哪里去呢？这种所谓"内在超越"，平时来说，大多是一种离弃世俗的心境超脱，少数是某种神秘经验。

问：你认为巫师通神上天经由周、孔的理性化，特别经由孔子的"释礼归仁"，也包括孟子的"大丈夫"人格构建，又特别是荀子以情欲为基础的礼论、天论，已转化性地创造为世间人际士大夫知识人的神圣的历史使命感和社会责任感。

答：对。这就是中国人的"超越"，以这种**神圣使命感和历史责任感来超越个体有限的生存和生命，使这个有限个体存在获得了神圣的生活意义、人生价值和生存意向**，这比个人的灵魂拯救、得道升天或神秘经验远为重要也远为实际，这才是"文王既没，文不在兹乎"，"吾非斯人之徒与而谁与"，"天下有道，丘不与易也"，"天将以夫子为木铎"，"天生德于予，桓魋其如予何"等孔子"释礼归仁"的根本精神。如同中国人接受佛家大乘"我不入地狱，谁入地狱"慈悲救世的学理一样，经世致用，济众拯民，成了中国士大夫知识人所选择的超越自己有限生命，却又仍然是"一个世界"的道路。

问：与此似乎相关，你的《中国古代思想史论》一书里特别重视董仲舒"仁，天心也"，建构了一整套"官制象天"的宇宙论的政治儒学。

答：我曾说这是原典儒学在吸收了道法家、阴阳家甚至墨家思想的巨大的转化性创造，它以"有情宇宙观"将孔子"释礼归仁"化为天人论的制度儒学，这就是当时的"究天人之际，通古今之变，成一家之言"。你翻翻董仲舒的《春秋繁露》、《天人三策》以及《黄帝内经》等著作，就可以看到中国总是讲天人沟通、天人感应、天人合一，"天"与"人"紧相连接，彼此呼应，而绝不是迥然异质、截然二分，这也就是我所讲的巫史传统、由巫到礼、释礼归仁、一个世界的中华传统。董仲舒等人将"仁"化为"有情宇宙观"的天人论的反馈系统，至今仍有影响，并不弱于宋明理学。但牟宗三等现代新儒学却将之一笔抹杀了。

问：我注意到你讲"有情宇宙观"时说，把"天地不仁，以万物为刍狗"的"天"，把本是中性的"不为尧存，不为桀亡"的自然的"天"，创造为充满人类情感、充分肯定并帮助人类生命、生存、生活的信仰和意志的"天"。这具有重要的哲学意义。

答：也可说这是从《易传》的哲学而来。《易传》说，"天行健，君子以自强不息"，"一阴一阳之谓道，继之者善也"。"天行健"、"人性善"，正上承"释礼归仁"，下启"仁，天心也"，都是以非常积极、乐观的态度来肯定这个世界的生存延续并以人类实践活动为"至善"。《易传》说"夫大人者，与天地合其德，与日月合其明，与四时合其序，与鬼神合其吉凶"，不正是这古巫君通神上天以治理百姓的理性化后的残痕遗迹吗？汉代"有情宇宙观"来自《易传》，《易传》来自巫—礼，其特点如《中国古代思想史论》所说，它是"历史的理性"而又是"情感的"（生活·读书·新知三联书店版，第 127 页）。直到宋明理学家的庭前草不除以见天意，不仍然是这个"有情宇宙观"吗？拙著《论语今读》说："休谟（Hume）、史密斯（Aden Smith）等也均以'同情心'作为道德的动力或本源；其与儒学的不同即在于'同情心'只是某种经验心理，儒学的'仁'具有某种'与天地参'的'本体'性质。它来源于原始巫术。'仁'涵盖宇宙，贯通一切，能远能近，既易获取，又难得到，似颇神秘，即此之故。直到康有为、谭嗣同以'电'、'以太'释仁，既是本体，又是生命，又是情感，仍此传统。"（5·19）但即使如此，其核心又仍然是本文一开头所说的"情理结构"即"情本论"。可见，所谓"仁本体"不仍然来自"情本体"吗？

问：所以"仁本体"实际乃是"情本体"。而且也不能将一个概念本身模糊笼统的"仁"替代"情"作为"本体"。

答：巫史传统以"一个世界"即充分肯定这个现实世界的生命、生存、生活而具有的积极、乐观的正面情感，显出大不同于"万物俱空俱幻影"、"生而有罪待拯救"、"这个世界不值得活"等诸多宗教、哲理的中国特色。这个特色具有普世意义。会在未来随着中国的崛起强大而被普遍接受。情理交融所追求的人际和谐、身心和谐、人与自然环境的和谐，会越过由于划分两个世界从而追求超越和理性至上而取得优势。

"性"与"情"，谁为"本"？

问：但这里有重要的争论，到底是情本体还是性本体，郭店竹简说得明白，"情生于性"，《易传》也说，"成之者性也"，所以应是"性"而非"情"才是本体或本源。

答：问题在于这个"性"是什么？我以为原典儒学包括郭店竹简所说的"性"，指的就是气质之性、自然之性、"食、色，性也"的性，所以说"生之谓性"，亦即"喜怒哀乐之未发"的潜在的自然本性、生物本能，而不是宋明理学和现代新儒家如牟宗三所讲的"义理之性"、"天地之性"、先验之性。因之，这个"气质之性"必须"发而皆中节"，即经过社会性和理性的渗透、参与、培育（包括自觉和不自觉）所生发出来的"喜怒哀乐之已发"即"情"才是真正的现实、实质和本源，作为潜在自然的"性"只是一种现实生命的逻辑前提和生物条件而已。所以离开"情"来谈"性"，或把"情"归结为"性"，**此"性"便或者是生物自然本体，或者是先验概念理性，前者将人等同于动物，后者人乃是神，都不是"以人为本"，而是以物为本或以神为本**。但人并不就是自然产物，也不是天赋神性。所以要提出"情本体"或"情理结构"（emotion-rational structure）。这也就是不赞成以自然的"性"（欲）或以先验的"性"（理）为本。

问：你是说"情"更实在、具体而"性"更抽象、虚玄？

答：由于有理性的渗透、参与，情更实在、多样、充实复杂而细密。它是人类历史和个体教育的成果，即内在自然的人化，仍然是人，而非先验或超验的理、神，也不是自然生理动物本能。如**以性为体**，则既可流为"行同禽兽"的后现代自然人性论，也可以是"以理杀人"扼杀情欲的天理人欲论。前者可参阅当代大量对人的动物性描写，后者可参阅为牟宗三所极力推崇的刘蕺山《人谱》百条"记警"："警观戏剧"、"警作艳词"、"警梦游"、"警食牛、犬"、"警毁字纸"等等。

问：一个有意思的现象是，自孔子讲仁以来，历经两千余年，从以董仲舒为代表的汉儒到以朱熹为代表的宋儒，到以康有为为代表的现代儒学以及牟宗三和当代好些学者，尽管各有不同，却都是以"仁"为旗帜来构建哲理，包括反传统极为激烈的谭嗣同，将现代社会的自由、平等、博爱也收纳在"仁学"口袋中，以"仁以通为第一义"来"冲决罗网"，铲除传统的等差级别，可见孔子"释礼归仁"具有多大的吸引力和包容性。

答：正说明由于紧贴现实的情本体的力量。在具有情感力量却并不抽象的天道、天命、天意而不是有语言明确指训的理性命令的上帝指引下，"释礼归仁"的诸因素（血缘基础的孝悌观念、乐观心态的深层意识、关系情感的人道精神、独立自主的个体人格）相互支撑和牵引的活动，使人在这个世界的生命、生存、生活不断通由各种艰难困顿却仍坚韧延续，具有了神圣性质，不把圣性归于彼岸天国，而是落实在此际人生。

问：你很少讲神秘性，但儒家有"仁者以天地万物为一体"的神秘说法或体验，你如何看？

答：我仍然是上面谈过的老看法。作为个人体验，确乎可以承认有某种神秘经验，但神秘经验一般颇难具有客观普遍性，经常是偶发、短暂、独特和充满个性差异的，很难甚至不可能有一种清晰描述或公认解说。从而，仍不如把这种与万物一体的说法作客观普遍性的平实理解，特别是作为儒者的社会政治抱负、胸怀、心境来理解，这就仍然是亲亲仁民爱物。"仁"的古字写作上身下心，心不离身，身心合一之谓"仁"，从而即使有"与天地万物合一"的神秘体验或境界，也仍然是与这个世界的情感相关相连。荀子说得好，"祭者，志意思慕之情也。……其在君子，以为人道也；其在百姓，以为鬼事也"。祭祀鬼神的体验和想象另一个世界也仍然只是人间情感的追思表达。这正是孔子"女为君子儒，无为小人儒"，即不做伺候或呼召鬼神的旧式巫师，而是做"修己以敬"、"修己以安百姓"的"志于道"的承担者。"仁者以天地万物为一体"在这种诠释学中便可以取得理性化的世俗说明又仍具有神圣意义。如上面再三说明，**巫史传统的理性化使巫君和巫师们的上天通神传达神意转化性创造为承担天命、天道、天意的历史使命感和神圣责任感。**这才是"文王既没，文不在兹乎"的正解，也是后世以"仁者以天地万物为一体"的志士仁人的优良传统之所在：关注的是人间的苦难、生民的休戚、百姓的安危，"先天下之忧而忧，后天下之乐而乐"，而不是自己心灵的通神、上天或拯救。包括深受释、道强大影响避时遁世的士大夫，也大多仍然是"身在江湖，心存魏阙"。陶渊明的桃花源，康有为的《大同书》，中国人的幸福观总放在这个世界中，而非超越到另个世界去。

问：看来，似乎你相当反对众口一词的雅斯贝尔斯的轴心突破说和个人主义说？

"一个世界"

答：Karl Jaspers 是追求超越（transcendence）的有神论存在主义，信奉不可思议的（unthinkable）全然异者的上帝。我对他及其轴心突破说没有研究，因之谈不上反对与否，只是觉得他那理论的历史依据和学理论证不够充分，难以使我信服，因此未能接受罢了。我主张从中国本土的历史实际出发，重视由巫到礼集大成的周公，认为这一步脱巫魅入礼制非常重要。而后在礼崩乐坏时代，才有释礼归仁的孔子。至于个体主义，也如前所说，我以为无论孔孟或庄子，突出的都是个体的人格力量和精神自由，而并非与神的沟通合一。中国没有上帝面前人人平等意义上的个人主义，更没有建立在物质权益基础上的现代个人主义。**儒家把人生意义、生活价值放置在人际关系而非自我个体**，"吾非斯人之徒与而谁与"，庄子则要求跳出这类关系来寻觅意义和价值，却又仍然认可这世间人际。儒、道由于巫史传统，都没有对迥然异质的另一个世界的"超越"追求和个体拯救。严格说来，中国只有"超脱"，并无"超越"。

问：你说过中国人的另一个世界只是这个世界的延伸或模仿。

答：当然，中国人也不是完全没有"超越"的"天"和另一个世界，但在观念、情感和思想上都很不明确、很不确定。与希伯来的上帝之城、柏拉图的两个世界很不一样。所谓生死的两个世界不过是以生的世界为范本来模拟想象死后世界，所以，所谓另一个世界不过是这个世界的伸延、复制、美化和理想化罢了。你看汉代许多画像石，西王母的另一个神仙世界不就是这个世界衣食住行的延续极乐版吗？人们或者追求长生不老，或者追求死后享受。中国自古丧葬祭祀，重物质供养侍奉，太牢少牢，食品、明器一大堆，不都是这个世界的生活延续？它并没有"超越"到哪里去。其实这样想象另一个世界具有普遍性，许多非犹太—基督的文化或原始部族也是这样想象另一个世界的。它们都不"超越"。这样想象另一个世界比理性至上所建构的另一个世界更合情合理，更符合人性心理。

问：那么，中国传统一直讲究的"修身"与另一个世界有否关系？

答：仍然是"一个世界"内的关系。即都从巫术通神上天而来，正如前所说，儒家把它理性化并入世化，**"正心诚意"也是为了"修齐治平"**，构建出宗教、伦理、政治三合一的礼教政治哲学。道家特别是道教把它发展为永生享乐甚至鸡犬飞升的幻景想象，中华医学则把它发展为养生长寿的不二法门，**无不鲜明地打上不脱离甚至非常重视这个世界的生存、生活从而重视身体、生命的深重烙印**。

问：你是否想以此来说中西思想、哲学在源头上的某种差异？

答：两希（希腊和希伯来）之所以能合流，恐怕在源头上都与鄙视肉体、鄙视这个现实物质世界，而以苦修、禁欲来追求灵魂超越到另一个世界中去有很大关系，这与中国由巫到礼，把另一个世界看作只是这个世界的延续，而且追求另一个世界仍然是为这个世界效劳服务，从而极端重视在这个物质世界中人们的现实生存、生活和生命的特征，确乎颇不相同。中国没有发展出西方意义上的"宗教"，只有经由"巫的理性化"（Shamanism Rationalized）所形成的人循自然规律而行，自己主宰命运而以"仁"为根本归宿的"礼教"。

问：但你在《回应桑德尔及其他》一书中也讲到"孔颜乐处"所追求的个体的超凡入圣。

答：的确有这个方面。无论是先秦的气化论、汉代的《黄帝内经》和马王堆的牵引图，也无论是大传统小传统、君子儒小人儒，一直到今天的各式气功等，远古巫术通天人的神秘方术、技艺、思想以及理论始终或隐或显地在中国文化中存在着。特别是佛教传入后，结合道家传统，从参同契到先天图，儒家确有在个体养心治气中追求某种神秘经验、"超越"体验的现象，从周敦颐、邵雍、朱熹到王阳明，一直到梁漱溟学密宗大手印，都如此。但特点又仍然是：这些**比起他们追求经世致用、济世救民那种大承担来说，始终居于次要地位**。中国始终没有出现像埃及、印度、欧洲中世纪那种苦行僧。中国人以斋戒沐浴这种非常轻度的禁欲方式，取代了残酷的长期的折磨肉体来求圣洁或通神上天。对中国人来说，沐心不必戕身，仍然是上身下心、身心合一的"仁"，并以之体现上天生长养育之恩。儒家讲"哀不伤生，毁不灭性"，讲"长歌可以当哭"、"成哀也止哀"等礼制规范，便非常具体实在地表露了这一特点。

问：儒家既然也有这种对神秘经验的追寻，牟宗三的"智的直觉"、"逆觉体证"可说就是一种直觉主义的理论。西方有道德直觉主义，牟则把这直觉说成是超道德的形上本体，即心体、性体或仁体、道体。

答：牟明确提出要从康德"上升到神秘主义"。关于直觉主义，20世纪50年代美学讨论中便碰到，当时讨论克罗齐（Croce）、朱光潜的"表现即直觉"时，我曾提出个体直觉性与社会功利性的"美感矛盾二重性"问题，并援引黑格尔的逻辑学，认为"直接性"乃诸多"间接性"的结果，即认为直觉并非天生或先验，而是由间接性所积累形成。道德亦然。所以我强调孔夫子讲的是"立于礼"，而不是"立于情"，是"学礼"而不是"任情"。"释礼归仁"不是放任情欲，恰恰相反，是要"克己复礼"。仁包含"克己"的意志锻炼，恰恰是理性对情欲的自觉的主宰掌控。"克己复礼"、"立于礼"远非朝夕之功，更非直觉所有或直觉所能做到。一般说来，直觉与情感与本能紧相联结。我曾提出孔子关于仁对颜渊和樊迟不同回答的重要意义。

问:所以孔子释礼归仁,强调的是"学",如你所强调,《论语》一书突出的是"学",要礼仁合一,天人合一，需要长期韧性的学习和锤炼。"仁者，其言也韧"，七十才能"从心所欲不逾矩"。

答:所以牟宗三把"智的直觉"、"恻隐之心"哄抬为形上本体,离原典儒学、离开孔子原意实在太远了。包括孟子均"求放心",也不是讲直觉，而是"心之官则思"，要把失去了的本心"思"回来。更不用说荀子了。朱熹也如此。日本的朱子学和中国好些学者，都将朱子与荀子联结起来。蔡元培说朱子是"远以荀卿为本"。朱子讲格物致知，要人一件一件事去"格"出是非好恶来。我以为，孔—荀—朱是孔门仁学传统的一条主线，象山、阳明倒是"别子为宗"，与牟宗三所讲恰好相反。孔、荀、朱都重视外在规范（礼、理）对培育"仁"的重要，"仁"不是直觉或情感的自然张扬。

问：朱熹是孟学，怎么把他也纳入荀学一线?

答：问得好，这是要害。但我并没把他纳入荀学。这个问题下次才能展开讨论。

问：但孔子讲"天生德于予，桓魋其如予何"，"文王既没，文不在兹乎"等，总有某种神秘意味。

答：我以为孔子话语也包括这几句，恰恰是没多讲神秘或通神的密传。相反，孔子更多讲的是理性化的世俗应对，所以黑格尔才嘲笑《论语》只是写普通的道德格言，子贡就感叹孔子少谈性和天道。因为它们很难知晓，必然要语涉神秘，从而干脆不谈。《论语》不同于许多宗教经典也在于此，孔子提出来的仁的人性情理结构，有如芬格莱特（Herbert Fingarette）所说乃是"即凡而圣"。孔子的"德"、"文"已由神秘魔力（巫、君）转换性地创造为神圣的个体心理的独立品格。从而，巫君所承担的神秘的天命、天道和上天旨意，成了凡人也能和也应承担的理性化了的神圣使命感和历史责任感，这才是孔子的自负言说的真实而巨大的含义。**最后也就发展为顾炎武讲的"天下兴亡，匹夫有责"，仍然是个体在世俗生活中对社会对人生的历史责任感和神圣使命感，这构成了儒学教诲的中心。它突出的正是个体对整个人类—民族—国家的义务、责任，并以之为人生意义、生活价值之所在，而并不是神秘的通神上天、灵魂拯救，这也就是巫术理性化的最终成果**。我觉得从古代到今天，这始终是中国知识人的传统瑰宝。这瑰宝来自巫。从而，"释礼归仁"之所以是"由巫到礼"的延续和深化，就在于孔子将周公制作的巫术理性化的"礼乐"人文体制归结为内在人性的心理塑建，这便完成了天人之际的交会历程，也正是自然人化的完成。

周、孔取代孔、孟

问：所以你强调历史。

答：非常正确。在中国，由于**所谓"超越的天"所形成的是"无声无臭"的"天命"、"天道"、"天意"，而非发号施令有许多具体言说的"天主"（God），这个"命"、"道"、"意"便只能通过历史事迹来表述、展演、显示和宣讲。**商代以"有典有册"的王家档案著称。周易占卜中有如顾颉刚等人的研究、考证，便是以史事实例来作论证和依据，中国史籍的丰富，世所独有。尽管经常也披上神秘的外衣，但实际上是具体、实在的历史经验而不是先验、超验的言说成了人们依托前行的扶手、拐杖和引导，前事不忘，后事之师；为"资治"才有"通鉴"，**"历史的经验"是中国人自古至今的生存指南，也正是"实用理性"和"乐感文化"所生发所延承的基础，"巫史传统"亦此之谓也。**孔子便明确宣称"与巫史同途"而归结于内心道德并超道德。这道德并超道德仍然与"同途"即与其来由的巫史密切相关。

问：你是说因为历史经验关系于族类生存，从而成为中国民族精神和思维方式的一种特色，是"实用"而非"先验"的理性，是乐感文化而非罪感文化，是乐观地、积极地争取和展望未来，而非悲观消极地等待未来，从占卜、记事的巫史便是如此。

答："在齐太史简，在晋董狐笔"，不屈不挠地忠实于记录历史，也就是忠诚于族类的生存，重视、总结和吸取具体时空环境的过往经验，而不是以一成不变的先验、超验教义为指引、为迷信、为归宿。我以为，这正是我们这个民族赖以长久生存并自新不已的关键。把这关键装置于内心，"究天人之际，通古今之变"，**内心的"德"也才有了丰富具体的实在内容，它避开了盲目的迷狂或纯粹的思辨。**

问：因此你非常赞赏中国古人关于有巢、燧人、伏羲、神农、黄帝的历史言说，而不是上帝造人或基因突变。

答：我非常惊奇这些远古传说与现代文化人类学如此接近甚至说吻合，其中所体现出的正是一种理性精神。我以前说中国的实用理性也就是历史理性。它不是某种既定不变的普遍必然，而是循序变易、强劲前行的日新又新。

问：而且这历史理性中具有某种神圣性。因为"天道"、"天命"、"天意"就来自巫术中行走的神明，这种神明是在时间过程中行走呈现。因之，历史—家国的兴亡，王朝的盛衰，战争的胜负，个人的命运，就都呈现着**具有时间过程特色的天命、天道、天意的神圣**。这也正是巫史传统的神圣，是否可如此理解？

答：**对**。这神圣性也正是人类生存发展的神圣。"世俗可神圣，亲爱在人间"（拙作《哲学探寻录》1994），爱不必外求（如求诸上帝）。神圣又何必外求？

问：所以神圣性并不重在个体心灵的通天。

答：问题在于"天"是什么？如果没有人类族类的生存延续，那个"天"又有什么意义？除非你的确相信，灵魂另有世界，没有人类肉体，灵魂世界仍然存在。许多文化、宗教、民族相信这个，中国人对此相当含糊而保留，并不确认。"六合之外，圣人存而不论"，"敬鬼神而远之"。

问：于是抓紧生活，这个世界的生活、生存、生命才是真正真实的。因此必须活下去，也值得活下去。活下去，对这个世界做出贡献，就可以是神圣。

答：这也就是巫史传统的乐观主义，也正是乐感文化的要点。

问："巫史传统"是"实用理性"、"乐感文化"的历史缘由所在。

答：可以这么讲。"巫史传统"的重要性也正在这里。

问：总起来看，你讲"巫史传统"分周公、孔子两大步，而不是一步到位的"轴心突破"。

答：第一步是"由巫到礼"，周公将传统巫术活动转化性地创造为人际世间一整套的宗教—政治—伦理体制，使礼制下的社会生活具有神圣性。第二步是"释礼归仁"，孔子为这套礼制转化性地创造出内在人性根源，开创了"壹是皆以修身为本"的修齐治平的"内圣外王之道"。这个"内圣外王"恰恰正是远古巫君以自己通神的魔法（magic）来统领部族特征的全面理性化。周、孔使中国传统从人文和人性两个方面在相当早的时代获得了一条实用理性之途。梁漱溟说中国文明的"早熟"和中国圣人"更聪明"（均见其《中西文化及哲学》），其真实含义即在此处。

问：你的"儒学四期"是以周、孔替代儒学三期的孔、孟?

答：有周、孔才有内圣外王。宋代以前均周、孔并称，宋后始孔、孟并称，这与理学兴起颇为攸关。但汉、唐才是中华盛世，宋以来却国势日衰，理学家们高谈道德心性，对李斯、桑弘羊、李泌、刘晏、杨炎，以至王安石、张居正诸多具有外王功业的著名人物，常加贬抑鄙视。有如那句有名的批评话语："平日袖手谈心性，临危一死抱君王。"刘蕺山以"君心安则天下安矣"不着边际的"退贼"建言和以绝粒殉国的道德行动，相当典型地披露了如何玄奥高妙的道德形上学挽救不了也复兴不了中国的。有如康德所言，"良好的国家体制并不能期待于道德，相反，一个民族良好道德的形成，首先就要期待于良好的国家体制"（《论永久和平》）。以周（由巫到礼，政治脱魅）、孔（建构情理，释礼归仁）代孔、孟，其意亦在此处。

问：但看来，你谈巫史传统，是为了明中西之异而非求中西之同。

答：也非故意求中西之异，而是想实事求是地探求中国思想文化的源头，以之来寻索延续数千年的一些中国特征，例如中国为什么没有产生也没有普遍接受人格一神教，为什么没有西方那种理性至上和个人主义，为什么以经验论为主的中华民族能发展到今天这么大的一个"时空实体"：这么久长而未断的历史，这么多的人口，这么大的地域，这么牢固稳定持久的文字、文化，等等。从而它的未来将如何？

问：回到你第一篇文章开头所说，你不是采用历史的而是哲学的方法。

答：我第一篇文章概括巫的特质，如动态、激情（情感）、人的主动性、一个世界，以及其他一些论断，特别是"巫的理性化"，可能为历史方法所不取。但两种方法可以各擅胜场，相互参照。今除补入"由巫到礼"和"释礼归仁"外，另附录三篇，一讲巫史传统之前，一续释礼归仁之后，一谈当今及前景。全书均哲学管窥，聊表意见，如蒙指教，幸甚至焉。

　　　　　　　　2014 年 6 月完稿于苏州太湖黄金海岸酒店

附　录

中华文化的源头符号（2005）

这么大的国家（960万平方公里），这么多的人口（超过13亿，其中汉族占92%），这么长的历史（将近万年），历经曲折艰难，兴衰变化，中华文明未曾断绝。作为世界文明史的奇迹，这是如何可能的？

有多种多样的回答。这里只从远古到今天始终延续着的几个文化符号来做些探讨。

华夏文明好些符号如八卦、龟、凤等都相当源远流长，这里选择讲述的只是"鱼"和"龙"两个符号和一个符号系统：汉字。因为比较起来，它们似乎最为广泛久远，尽（中国）人皆知，更具关键意义。但本文不是史学或考古论著，只是从哲学视角所作的粗略观察而已。

鱼：生命的符号

这是从新石器时代（彩陶鱼纹和人面鱼纹，距今 6500 年以上）到汉代（距今 2000 年）、唐代（距今 1000 年），一直到今日的鱼（民间的各种剪纸）（图一）。这个"鱼"的源头符号在中华大地上绵延承续，没有间断。"鱼"意味着、呈现着、代表着什么？

"鱼"有两个基本含义。这两个基本含义又是相连相通的。

第一个含义是生殖、生存。鱼产子极多，象征着繁殖、生育，与此紧相联系，鱼代表着也象征着男女情爱、交欢。从《诗经》到后世的诗歌和民歌如"鱼戏莲叶东，鱼戏莲叶西，鱼戏莲叶南，鱼戏莲叶北"（汉），从上层汉镜的"长宜子孙"、"君宜子孙"到今天民间剪纸的"娃娃抱鱼"，"鱼"代表着性爱、生存、生殖、繁衍。它是神圣的生命颂歌。人群的生命欲求和生存意志，通由客观社会性以文化符号显现出来，自此"鱼"开始。许多民族都有与性与生存含义有关的"鱼"的符号。中华文化则从远古延续不断地保存到今天。

半坡仰韶的新石器时期，大概是"以佃以渔"的母系氏族社会，捕鱼和鱼是当时生活生产的核心资料和基本活动之一。中国传说有女娲补天，《易经》歌颂"厚德载物"的地母坤德，正如"鱼"的符号一样，指向的是以女性为中心的原始社会的生存、生命和生活。

与代表性爱、生存、繁殖紧相连的"鱼"的派生意义，是将"鱼"同音地等同于"余"（有余、余粮、富余、富裕）。《诗经·鱼丽》："鱼丽于罶"，"物其多矣"。《诗经·无羊》："牧人乃梦，众维鱼矣……众维鱼矣，实为丰年。"今天民间过旧历新年贴在大门口的"鱼"，经常与丰满谷穗连在一起，所指向的便是人的物质生存、生活的富裕和快乐。本来，在远古文献和今日民俗中，男女性爱与物质生产也是连在一起的。傩舞的交媾姿态宣示的不只是性爱和繁殖，而且也是物质粮食的生产；随着这交媾舞蹈姿态的是"一籽落地，万籽归仓"的歌唱。它象征的不仅是人丁兴旺，而且也是五谷丰登。这个含义"有余"的"鱼"，呈现出人类已走出动物界：人不仅维持、延续生存，而且生活开始富裕、丰足，不必像其他动物日夜苦于觅食求存。余食、余粮（"鱼"）使人类有了更多的快乐和自由。所以"鱼"的第一重含义不仅是性爱、生殖和生存，而且是生活的自由和幸福。它标志着由"动物"而"人"。

"鱼"的第二重含义是交往（communication）和语言。"鱼腹藏书"、"鱼雁相通"，是中国古代流传的成语和故事。从而，"鱼"所代表的不仅是人的主体性的生存，而且也是人的主体间性的交往。这交往既包括知识经验的信息沟通，也包括情深意真的感情传达。"呼儿烹鲤鱼，中有尺素书。长跪读素书，书中竟何如。上言加餐食，下言长相忆。"（汉《饮马长城窟行》）人的经验性的历史生存使语言成为人的语言，具有属人的语义：它保存了人在生活—生产中的大量的知识、经验和情感。

从物质生存和语言交流两重含义中，"鱼"成了最早的神圣符号。记得小时候（20世纪40年代初）过年过节在乡做客，宴席的中心赫然摆着一条不许动筷的大鱼，或者干脆就摆一条木制的鱼。鱼代表着神圣的欢欣和生命的祸福，从而也就不许去干扰它。它与仰韶陶器上的神秘的人面含鱼到马王堆帛画把整个宇宙托起来的大肥鱼，到汉画中代表人类始祖伏羲女娲的鱼鳞状的身躯，以及后世八卦图中由双鱼代表阴阳所组成的"太极"中心一样，"鱼"在这里就绝不止于生存、交往的一般含义，而且是将这含义与巫术信仰、与神明沟通紧紧结合在一起了。它们呈现着这个生的祝福中充满着神秘和神圣。而这神圣性就在现实性之中，神圣的祝福和欢欣就在现实物质生命的生存和交往之中。也就是说，"鱼"给人群生存和生活本身以神圣，这成了中国文化—哲学的一个重要基因。

在大传统和精英文化中，儒、道两家都十分重视现实生存。从孔老夫子的"庶之、富之、教之"，到王夫之的"一姓之兴废不如百姓之存亡"，念兹在兹的就是这个亿万人众的"生存"。道家（庄子）从个体出发讲"养生全身"，道教则追求长生不老、鸡犬飞升：即使在天国也得享受人间的快乐。《礼记》说，"大婚为礼之道"。《周易·系辞》说，"有男女然后有夫妇，有夫妇然后有父子，有父子然后有君臣……夫妇之道不可以不久也"。与亚当、夏娃被逐出天堂乐园受罪相反，儒家经典以肯定肉体交配、物质生存，并以之为出发点来讲述人间秩序（夫妇、父子、君臣等）的来由。所有这些，仍然是这个源头文化符号"鱼"的演绎。

"鱼"所代表生存意志和生活本身具有神圣价值的观念和感情，已积淀为中华儿女的文化心理。不仅在日常生活中，而且当外侮入侵、种族危亡的时刻，更会被强烈唤起。古代"夷夏大防"的微言大义为士大夫所看重，近代"优胜劣汰，适者生存"的"天演论"为以和谐止争为美德惯例的中国知识分子所认同，就是为了呼唤自立、自信、自强，以维护生命、维系生存。其中还包括"救亡压倒启蒙"的这一近代国史主题在内。

Freud 的生死本能，Nietzsche 的 "will to power"，Heidegger 的 Being，说到底，其实也就在标指着这个来自生物本能的强大生命欲求和生存意志。尼采和海德格尔反对柏拉图、亚里士多德以来追求知识和道德的哲学，其实也就是在现代基础上要求追回这个人类源头的生命和生存。但他们把它高度理论化、抽象化和哲学化了。作为中国文化源头符号，"鱼"所宣示的"哲学"也正是这个人的生存和生命。所以，不是精神、理性、意识，不是天理、良知，不是现代新儒家的"道德精神"、"德性自我"，而是**那实实在在的"人活着"即人的物质性的生命、生存和生活，才是第一位的现实和根本，是第一原则和首要符号。这也才是真正的"生命哲学"。**它是本源性的人的生存本体论（存在论 Ontology），即人类学历史本体论。人的生存、生活和生命是一种历史性的展开，历史不只是过去的事件，它是充满空间经验的时间，是人的此刻生存和多种可能的未来。历史作为过去就存在在此时此刻的现实之中。历史使过去成为未来的可能性，成为现在的选择和决断。直到今天，**中华大地上"鱼"的符号仍在活蹦蹦地跳跃着，它意味着、指示着的正是这个道理。**我们应该撇开虚无，回到艰辛的现实生活中去寻求生命的意义和生存的真实。

龙：权威／秩序的象征

如前所说，"鱼"作为性爱、生存的符号也出现在其他文明中，重要的是中华文化将之保留至今。这是否与我所要讲的第二符号（"龙"）有所关联呢？"龙"在其他文化中或少见，或作为魔鬼的化身；但在中国，它完全是以正面符号出现的。

我其实一点也不喜欢龙。从小我就不爱看龙灯表演和龙舟竞赛，长大以后对各种著名的九龙壁的艺术形象也毫无兴趣。

我讨厌它那怪异狰狞的面目，那张牙舞爪的姿态，那像蛇似的弯曲身躯。难怪在西方中世纪，"龙"总是毒龙：是恶魔、邪力的象征，因为这个虚构物的形象特征是狰狞和威吓。中国原始的"龙"还较朴实，后世则分外狰狞。

"龙"是否与"鱼"有关系呢？很可能有关系。至少与"鱼"一样，与水有关。《管子》说"龙生于水"，现代考古学家说"龙"纹是由"水鸟啄鱼纹"演变而来。"这里的鱼就是早期的龙纹"[1]，民间有鲤鱼跳龙门的故事[2]。鱼的符号虽有神秘性，但尚未凸显出神，或尚未成为显著的神。"龙"却一开始就是神的代称。自古至今，河神称龙王，雨神也是龙王。当然，关于"龙"的具体起源和成形，有许多不同的说法，如鳄鱼原形说（章太炎）、图腾融合说（闻一多）、多元龙纹综合说（现代中国考古学）、夏商成形说（同上）。总之，由于水和雨是农业社会"人活着"维系生存、延续的基本条件，为人所必须依赖又不能为人所真正了解和掌握，所以它成为神也很自然。"龙"爬遍了中华大地的东南西北，从原始社会直到今天。图二包括一些最早的"龙"：东北地区（前红山文化，公元前6000年），中原地区（湖北黄梅大溪文化，公元前4000年），其中，画在

---

[1] 刘志雄、杨静荣：《龙与中国文化》，第20页，北京，人民出版社，1992。
[2] 民间传统或来自此："《续汉书·交趾郡下，刘昭注》有隄防龙门，水深百寻，大鱼登此门，化为龙。"（《顾颉刚读书笔记》第4卷，第2187页）

陶瓶上的马家窑文化的"龙",可与前面仰韶半坡的"鱼"作某种彩陶的历史系列,但显然比"鱼"要晚(公元前3000年)。江南地区也有"龙",如此等等。真是林林总总,琳琅满目。这些出土的地下实物完全可以媲美于古籍《山海经》中所描述的众多龙蛇:"南方祝融,兽面人身,乘两龙","北方禺彊,黑身手足,乘两龙",等等①。"龙"虽形态各异,基本特点却相同:它与鱼不同,是一个幻想中的巨大动物。"龙"有角,与男性生殖器从而与父系家长制的祖先崇拜相关。

"池鱼满三千六百,蛟来为之长,能率鱼而飞"(《说文》:蛟),"龙以为畜,故鱼鲔不淰"(《礼记·礼运》)。"龙"尊鱼卑,"龙"成了"鱼"的率领者、保护者和统治者。"鱼"、"龙"衔接,显示社会进入了新时期,那是呈现着威慑、暴力、吞并、战争,是征服、被征服的时期,是走向社会不断扩大、开始形成国家、逐渐迈入文明的巨大变动时期。

如果说,有巢(建立住所)—燧人(发明用火)—女娲(妇女为首领,一般排在伏羲同时)是旧石器时代的"三皇",标志着人区别和脱离动物界,那么,伏羲("以佃以渔")—神农(炎帝,定居农耕)—黄帝—尧—舜便是新石器时代的"五帝"的氏族、部落和古城古国②时期。而神农(炎帝)和黄帝则分别与"鱼"、

---

① 参阅拙作《美的历程》中第一章图表。
② "古城古国",采苏秉琦说。

"龙"两个时代符号大体相当。①在古文献中，文明的主要发明都归功于黄帝。《世本·作篇》及其他古籍都把天文、历法、算数、图书、宫室、冕服、弓矢、车驾、舟船、律吕（音乐）等重大发明发现说成是黄帝和黄帝时期的功绩。与文明这种巨大发展相同步，黄帝时期又是频繁剧烈的战争时期，黄帝与炎帝、与蚩尤的大战是赫赫有名的两次。当时各氏族、部落、部落联盟在大小战争中毁灭、生存、并吞、融合和重组。大量文献都在说，"神农既殁，以强胜弱，以众暴寡，故黄帝……内行刀锯，外用甲兵"（《商君书·画策》）。"黄帝不能致德，与蚩尤战于涿鹿之野，流血百里"（《庄子·盗跖》）。"宓牺神农，教而不诛，黄帝尧舜，诛而不怒"（《战国策·赵策》）。"黄帝唐虞，帝之隆也……当此之时也，兵不废。今德不及三帝，天下不顺，而求废兵，不亦难乎"（《管子·法法》）。

黄帝时代就是"龙"的时代。"五帝时代以五千年为界可以分为前后两大阶段，以黄帝时代为代表的前半段，主要活动中心在燕山南北，红山文化的时空框架，可以与之相应。"②红山文化以出土的各种玉"龙"和龙纹器皿为特征。"甲骨文中龙字

---

① "三皇五帝"从古至今有许多种说法和解释，本文仅从人熟知的名号（如"五帝"，采《易·系辞次序》）和历史进程角度作大体区划，不可刻板以求。例如红山文化的"龙"便早于仰韶文化的"鱼"，等等。

② 苏秉琦：《中国文明起源新探》，第133页。

的多种形态以及殷墟妇好墓出土的玉雕龙，可以追溯到距今五至三千年间的龙形变化过程。"①《易经》著名词句"龙战于野，其血玄黄"，点示了这个"龙"——黄帝的时代特征。从"龙"——黄帝时代起，对内对外都必须以"兵"（"刑"也就是"兵"）来支撑着人们的生活和生存。这也就是中华文明的大融汇和发展成形的时期。

黄帝和作为黄帝子孙的后代统治，一直到夏、商、周三代"王朝"，都与"龙"有重大关系。古文献和现代学人对此说得很多。如"黄帝……乘龙，辰云，以顺天地之纪"（《大戴礼记·五帝德》），"颛顼，黄帝之孙……乘龙而至四海"（同上），"夏为姒姓，姒字原作巳，本象盘蛇，亦图腾标志。而鲧、禹名字亦与龙、蛇有关"（杨向奎）。"殷为子姓。'子'……即巳字……取象龙蛇，商颂有'龙旗十乘'之言，意者龙是商民族之图腾乎？"（顾颉刚）"姬氏出身天鼋，犹言出自黄帝"（郭沫若）。从《山海经》中众多龙、蛇到"天鼋"、"玄鼋"，都与龙有关。由于远古传统，孔子也大讲龙：

> 龙大矣。龙刑（形）（迁），（假）宾于帝，侃神圣之德也。高尚行（乎）星辰日月而不眺，能阳也；下纶穷深渊

---

① 苏秉琦：《中国文明起源新探》，第 94 页。

之渊而不沫，能阴也。上则风雨奉之，下纶则有天□□□，□乎深潭，则鱼蛟先后之，水流之物莫不隋（随）从；陵处则雷神养之，风雨辟（避）乡（响），鸟守（兽）弗干。……龙大矣。龙既能云变，有（又）能蛇变，有（又）能鱼变。（飞）鸟虫，唯所欲化，而不失本刑（形），神能之至也。（《二三子问》）

这也就是《易经》讲的上天下地、神奇而可恐惧的"龙"。"飞龙在天"、"见龙在田"、"或跃于渊"，水陆空全部占有。也如《说文》所讲，"龙""能幽能明、能细能巨、能短能长、春分而登天、秋分而潜渊"。"龙"到处都在，可又变化莫测，难以捉摸，"神龙见首不见尾"。正是在这隐藏着的神秘和恐怖中，显出它的巨大的全面统治功能和神圣威力。这种神秘的巨大威力又都与原始巫术活动有关。"《山海经》多处讲到乘龙升天之事，在《山海经》里，雨龙是神与巫交接升天的标准配备。骑龙何以能升天？在巫术中，龙由巫师法力之所驱使。"① 由于"巫君合一"，"龙"的权威和恐怖实际是象征和代表着巫君的权威和恐怖。

为什么要突出这个威慑的、血腥的、恐怖的权威符号呢？这是因为这神奇而恐惧的符号不仅是当时统治权力的威吓象征，

---

① 金春峰：《周易经传梳理与郭店楚简思想新释》，第133页。

而且也是当时社会的秩序力量和制度强迫的符号。因为所谓"文明"，实际上即是由秩序所展示的权威和由权威所维系的秩序。在上古这个不断吞并、毁灭、重组、融合千万氏族、部落和古城、古国的年代，社会日益扩大，地域日益开拓，人口日益众多，结构日益复杂，统治秩序日益需要系统化、体制化的暴力权威来维系。这种暴力权威的统治秩序和体系，也就是所谓"黄帝尧舜垂衣裳而天下治"。即**在黄帝——"龙"的暴力权威统治下，衣食住行、社会生活得到了秩序的规范和规范的秩序。这种理性化的生活秩序在当时却恰恰需要由这个反理性的神秘而恐惧的虚构形象（"龙"）来呈现和代表**。相当于黄帝时代的新石器时期红山文化出土人像已有大小次序的排列，实际在开始显示这种理性化的秩序即等级制的萌芽。从夏的"连山易"以震（雷）为首卦，"帝出乎震"（《周易·说卦》），象征着这个秩序权威赤裸裸地依附和要求暴力，到《周易·系辞》"天尊地卑，乾坤定矣，卑高以陈，贵贱位矣"，便是这统治秩序在意识形态上的全面巩固和完成。从"龙驾乎帝服"（《离骚》），"龙"成为帝王专利，和秦始皇被咒称"祖龙"，"龙"便始终是后世帝王所专有的最高权威符号，一直到清王朝的龙旗飘扬和没有龙旗的对"龙"的赞颂。

文明使社会复杂化，的确要求秩序，而维持秩序的确需要权威。只有这样，才能使万千百姓免于任何人可以杀任何人的极端混乱的无政府状态。人们依靠建立在杀戮、战争、暴力基础之上的权威统治获得了保护，使生命、生存和生活拥有安全和延续。秩序和权威的永远共生并存（Engels），如同知识与权力永远共生并存（Foucault），现在、未来将和过去都一样。问题只在于是什么样的权威和什么样的秩序。作为这最高权威的是一个人（皇帝）、少数人（贵族）还是代议制（人民）。是"亢龙有悔"的权威还是"群龙无首"、"潜龙勿用"的权威？是 rule by law 还是 rule of law？这当然由历史所具体地形成、发展和决定。

在"龙"的权威统治下，社会秩序化、组织化、等级化，在基本或能保护人们安全的同时，也带来了常规性的和规范性的剥削、压迫、掠夺和侵害，带来了各种恐惧、忧虑和哀伤，使生命、生活、生存失去了它们本有的自由、活泼、愉快和欢欣。于是,它也同时会带来对这权威／秩序和规范、统治的各种反抗。中国上古有夸父追日、精卫填海特别是"刑天舞干戚，猛志固常在"（陶潜诗），那勇猛反抗黄帝虽徒劳无益却英勇悲壮的凄怆故事。这也一直延续到《老子》和《庄子》。《老子》要求回到"虽有舟舆，无所乘之；虽有甲兵，无所陈之"，"鸡犬之声相闻，民至老死不相往来"的"道""德"时代。庄子极其尖锐而深刻地揭露"窃钩者诛,窃国者侯",认为"有机事者必有机心",要求彻底废除文明，回到"山无蹊径，泽无舟梁"，"民知其母，不知其父","与麋鹿共处"的母系社会的原始阶段，即回到上节所讲的"鱼"的神农时代去，极为精彩地表达了这种反抗哲学和伦理精神。但这在历史上当然毫无可能。历史总以恶为杠杆，在污秽和血腥中曲折前行。这些神话和庄子哲学的价值在于，它宣示了必须与历史文明行程带来苦难现实相对抗，从而不计利害因果、"知其不可而为之"的反抗意志和牺牲精神。这种精神由于对现实黑暗和权威／秩序的英勇斗争，在形成和培育人们的道德意识、正义感情、公正观念上，具有伟大的、光辉的、独立的意义，而为人们所世代承继和不断发扬。这就是拙著中再三提及的"伦理主义"。但是，渗透了暴力和黑暗的权威／秩序却又仍然在推动着文明，其中也包括改善生产和生活，这也就是拙著所讲的"历史主义"。①

于是，"龙"飞舞着，历史在历史主义与伦理主义二律背反的悲剧中继续前行。

汉字：并非口头语言的记录

我所选择的第三个符号是汉字。它不是一个符号，而是一个符号系统，即由众多汉字组成的汉文化的书面语言。在新石

---

① 伦理与历史也有同行合一的方面，且常为主要方面，见《批判哲学的批判》。

器时代的仰韶、姜寨和大汶口等处都有在陶器上的刻画符号（图三）。

"对于半坡遗址、姜寨遗址以及仰韶出土的陶器符号，有学者认为是具有文字性质的符号，但很多学者表示怀疑。他们认为这些刻画只是记事符号，类似结绳记事。而文字和记事符号的性质是不同的。文字是记录语言用的，而记事符号则与语言不发生关系，它只是为了某种记事的需要，帮助个人记忆而使用的一些单个的标记。所以《易传·系辞传》早就很明确地把结绳记事和'书契'区分开来。"[1]

这个说法似乎已是被普遍认同并广泛流行的"定论"。我不是语言学家或文字学家，没有能力和资格来讨论这个问题。因此，下面的看法只是一种个人的意见（opinion），不能算作认知或科学。我的看法与这个"定论"恰好相反，我以为这些"类似结绳记事"的符号刻画正是汉字——书面语言的起源。而汉字并不"是记录语言用的"。

清朝"御制"的《康熙字典》的序文引《易传》说，"上古结绳而治，[2]后世圣人易之以书契，百官以治，万民以察"。与世界众多书面语言大不相同，我以为，汉字（书面语言）重大的特点在于它并不是口头声音（语言）的记录或复写，而是来

---

[1] 《中国文化导读》第二版上册，第131页，2001。

[2] 我以为，所谓"河图洛书"可能即这"结绳而治"的神圣符号。

源于和继承了结绳和记事符号的传统。在这里，完全用不上索绪尔所说的"语言和文字是两种不同的系统，后者唯一的存在理由在于表现前者"。恰好相反，从起源说，汉文字的"**存在理由**"并不是表现语言，而是承续着结绳大事大结、小事小结、有各种花样不同的结来表现各种不同事件的传统，以各种横竖弯曲的刻画以及各种图画符号（"象形"）等①视觉形象而非记音形式（拼音）来记忆事实、规范生活、保存经验，进行交流。它不是"帮助个人记忆而使用的一些单个的标记"，而是集体（氏族、部落的上层巫师们）使用进行统治的整套系统的符号工具。其实，前引《周易》说得很明白，"结绳"是为了"记事"，"易之以书契"是指用刻画的"书契"代替了结绳，但并未改变"记事"。所以我以前说，在许慎"六书"中"指事"是第一原则，但"指事"不是许慎举例说的"上、下是也"，而是指记录、记忆上古氏族、部落所发生的重大历史事件、人群生活的重大经验以及发现、发明。这些事件、经验、发现和发明关系着整个氏族、部落的生存秩序和生活规范。《说文》序说，神农结绳为"治"。可见这个"结绳记事"与整个社会的"治理"大有关系。它与对人群社会树立规范、颁布律令有关。也因为此，结绳和

① "中国文字的起源应当归纳为指事与象形两个系统，指事系统应当发生于象形系统之前。"（郭沫若：《奴隶制时代·古代文字之辩证的发展》，第256页，人民出版社，1973）

文字都具有非常崇高甚至神圣的地位，其中便有沟通天地鬼神的巫术功能。考古学家说，"……甲骨文的初创……远在商代以前 1000 多年前，距今 5000 年前后，也证明这些文字的发明者原本就是掌握神权的巫者一类人物"[1]。例如，"丙"字字形可能与创造鬲形陶器的发明有关[2]，"鬲"这一发明当然具有重大价值和意义，需要一个字来记忆、保存和承继。由"鬲"还生发出一系列以鬲为偏旁的字。这在当时都披上了浓重的巫术衣装：重大事件和发现发明通过汉字记录而保存了神的旨意和命令。今日小传统中道士以汉字式的符箓请神驱鬼仍是这种巫术痕迹。所以上古传说仓颉造字使"天雨粟，鬼夜哭"，文字刻画即"书契"的确立，标志着人类对自然外界的控制主宰力度的分外加强和人类生存处境的极大提升。汉字的"指事"，如上所述，不仅记录着群体的记忆、经验的传承，成为历史的载体；而且更代表神灵，告诫和统领人们的生活和行为。前引《易经》《说文》也都表明古人所谓"治作书契、纪纲万物"，说的就是这个意思。从彩陶刻画、骨卜刻画到甲文金文，到石刻铭功，储存了大量历史经验的汉字，正好指示着鱼龙时代的纪纲秩序的"成文化"。它以标准的符号系统成为这个生命、生活和权威 / 秩序的体现者。一代又一代的人群，主要是统治—领导集团和阶层，

---

① 郭大顺：《寻找五帝》，第 113 页。
② 同上。

拥有着、享用着这貌似僵固却实际永生的历史经验的权威凝结物，作为符号工具，不断指导、规范、巩固、统治人群的生存和延续。《易·系辞》说，"鼓天下之动者，存乎辞"，《易·序卦》和《易·杂卦》说，"夬，决也"，《易·系辞》说，"百官以治，万民以察，盖取诸夬"，也就是以书契发号施令，决断万事。汉字书契以此神秘的视觉形象形式，成为"百官"治理、鉴察"万民"的重大的实用工具，来"鼓天下之动"。所以汉字着重的是它作用于人们行为活动的规范特质，而并不在复写、记录口头语言的认识功能。直到近世（1949年以前），民间还随处可见"敬惜字纸"的告谕招贴，显示了汉字在人们心理上的神圣律令性能，它绝不只是人人都能说的口头语言的记录、复写而已。这大概就是"太初有字"与"太初有言"的差异所在吧?！声音在场但瞬刻消逝，文字不在场却持续永存。这长存且行进的便是作为历史经验的"道"，"太初有字"也就是"太初有道"。①

汉字作为刻画符号，它积累成文，形成文法，具有越来越丰富和复杂的意义和内容，而后与口头语言相衔接，这一时期形声字急剧猛增。汉字接纳、交融口头语言而成为书面语言（汉字文言文），但仍然与口语保持相当距离，始终不是口头语言的表现和记录。所以与其他书面语言（文字）大不相同，**在这里，**

---

① 参阅《论语今读》。

不是语言主宰（支配、统率、规范）文字，而是文字主宰（支配、统率、规范）语言。口头语言即使大有变化迁移，而汉字和书面语言却基本可以巍然不动。即使大量形声字的出现标志着文字与语言的交会衔接，但文字复述的仍然只是语言的意义，而不是语言的声音，始终是"语言文字寖寖分别而行，初不以文字依附语言，而语言转可收摄于文字"（梁漱溟）[1]。汉字文言在与地域辽阔、地理复杂、语音差异极为巨大、文法结构并不尽同的口头语言的互动中，**始终处于绝对支配、统率、主宰的地位，起着无比巨大的规范功能。**我以为二千年前的《尔雅》中的一部分，就是这种统一各地语言、规范语言的著作。直到"我手写我口"的今天白话文时代，仍然无论在词语构成和使用上、语法习惯上、表达感叹上，汉字文言仍然具有很大的支配力量，**始终是文字左右语言而非相反。**

汉语不重音而重义，它忽视、省略、删除了任何没有意义的声音。汉语之所以成为这种单音节语言，正是汉字从一开头便支配、统率、规范着语言，而不是记录语言的缘故。今天汉语译名仍多弃音译而用"意译"。如电脑、民主、资本主义、无产阶级、非典等，便也是其他语言少有或没有的。

汉语词汇少有抽象语汇如无软性（Softness）、白性

---

① 《中国文化要义》，第312页，上海，学林出版社，1987。

（Whiteness），而有"白"、"白之"、"使之白"、"说白了"等不脱离具体活动、经验的字（词）。汉语没有时态、性别、冠词、词类等区分，却跟随具体情景而可作或不作更明白的确定。例如没有一般的过去、现在、未来时，却随需要又可用某日某时（昨天、明日、某刻）来具体明确它。这种字、词、句和文法表明，必须联系整个文本和语境，特别是人的活动本身才能描述、理解和使用。它展示的是充满空间经验的"实用"时间，而不是被规范了的抽象时间。汉语在认识功能上的模糊不定，也显示出它对实用效能的依从。汉字能指、所指常混为一体。文字即本物，所以文字可以是"神"本身。从而它也最宜于作权威／秩序所需要的命令规范的物态化载体，成为秩序／权威的体现物和守护者。

西方语言因有系词 being，于是总"有"点什么，"是"点什么的问题。到底有点什么，是点什么？或者最根本的"是"或"有"（Being）究竟是什么？物质？精神？上帝？理式？律令？规则？单子？个体？于是无限地追求认识、理解和信仰。汉字语文中没有这个问题，可以是一切空无，也可以是万殊俱有。没有现象之后的本质，没有变动之外的实在。现象就是本质，即用即体；变动就是实在，虽有又无。因之，汉语文化很难有本体论（ontology，是论、存在论），也不可能有关于不同于存在者的"存在"的"基础本体论"。

汉字文言中虚词的众多和并非口语特点的音乐形式，如由平仄音调到字义的对偶反复、抑扬顿挫、合辙押韵，使汉字文言文的表情功能非常显著而重要。它熔情感、理解、记忆三者于一炉，对中华文化心理结构的塑造和影响甚为巨大。也许，中华儿女可以流连忘返在这作为心理积淀的汉文字（书法）和文学中，去寻找或寄托那失去的历史家园和邈远的故国乡愁？！

"鱼"、"龙"都与原始巫术活动有关，如前述仰韶人面含鱼和"黄帝乘龙"都是如此。"鱼、龙均为水生，都能行天降雨，同为祈雨的对象和引导人、魂升迁腾达的神物。……同为大禹治水的重要帮手。"①汉字也如此。它是由结绳变来的用以"治理天下"的"书契"，它使"天雨粟，鬼夜哭"，显出了原始巫术的巨大威力。

鱼、龙、汉字，这些中华文化的神圣符号，源远流长，至于今日。如何阐释，敢不慎欤？野人献芹，供一笑耳。

---

① 陶思炎：《中国鱼文化》，第184页，北京，中国华侨出版社，1990，并参阅图楚帛画。

仰韶彩陶

仰韶彩陶

汉洗（长宜子孙）

（图一）

唐盘

今日民间剪纸

楚帛画

红山玉龙（新石器时代）

陶寺彩陶（新石器时代）

汉龙

（图二）

马家窑彩陶符号（柳湾）

大汶口陶器符号（阳河）

二里头陶器符号（偃师）

（图三）

初读《郭店楚墓竹简》印象纪要（1998）

一、一再提"生为贵"①、"天生百物，人为贵"②。这与《易传》"天地之大德曰生"、与据云都为"子曰"的《孝经》"天地之性人为贵"、《大戴礼记·曾子大考》"天之所生，地之所养，人为大矣"、《孔子家语·六本》"天生万物，惟人为贵"一脉相连。它们对人、对生命的感性存在采取完全肯定的态度，而不重视去叙说是否有比人、比生更高更"贵"的另一世界。"生"、"人"本身成了最终目的、价值、意义。这正是中国文化包括儒道两家的特色所在，而与基督教文化等相区别。这也就是我所谓的"乐感文化"的根源：人的自然生命和生存，简言之，即"人活着"是首先需予肯定的第一命题。

二、从而，"人道为贵"。竹简屡屡提出："道四述，惟人道

---

① 《郭店楚墓竹简》（下只标页码），第213页，北京，文物出版社，1998。
② 第194页。

为可道也，其三述者，导之而已"①，"可为道者四，惟人道为可道也"，②"是以君子人道之取先"③等等。而所谓"人道"即"天降大常，以理人伦，制为君臣之义，著为父子之亲，分为夫妇之辨"④。第一句是由"天"及"人"，后面也有"大乐曰余才宅天心"⑤（不可解），但实际上仍不过虚晃一招，其先后都是专讲人事，这才是主题所在。可见"人道"是基础和根本，"这是人道，也就是天道"⑥。"天道"只是人道的概括和提升。"这是一条由'人'而'神'、由'人道'现'天道'、从'人心'建'天心'的路。"⑦"从《易传》《中庸》到董仲舒到宋明理学，儒学把这伦理本体提升为足可敬畏的宇宙本体……'活'成了由人道而天道的普遍性的伟大价值。"⑧

何谓"伦理本体"，也就是竹简一再讲的"夫夫妇妇，父父子子，君君臣臣"，它与《易传》"有夫妇然后有父子，有父子然后有君臣"同一顺序，但竹简有"为父绝君，不为君绝父，为昆弟绝妻，不为妻绝昆弟"⑨异常明确的规定，清晰显示以"亲

---

① 第 179 页。

② 第 180 页。

③ 第 173 页。

④ 第 168 页。

⑤ 第 168 页。

⑥ 拙著《中国古代思想史论》，第 310 页，北京，人民出版社，1985。

⑦ 拙文《哲学探寻录》，《原道》第 2 辑，1995。

⑧ 同上。

⑨ 第 188 页。

子（父子）"为主轴的父家长制的氏族统治体制的特色，我曾名之为"政治、伦理、宗教（祖先崇拜、三年之丧等）三合一"，这也就是当时的"人道"主体或结构。

三、竹简有"天"、"命"，却未见"天命"连用。"天"义含混，其中包含有非人力所可测度、控制的神秘力量，却并无人格神的性格。"命"无神秘的道德含义，指的即是人的感性生命和生存。（颇疑《中庸》首句"天命之谓性"似应从此"命自天降"分读，作自然生成解。）竹简的"命"亦具人难以测度的偶然性特质。如《穷达以时》篇所描述的"遇"与"不遇"取决于"时"、"世"，由不可测度的"天"所左右[1]，而非人的德行、修养、才能所能决定。至今为止，除克隆（Cloning）外，作为个体的人的自然生命、生存的许多遭遇，本来就充满了难以完全预见的种种偶然性，这确乎是"命"的特质。《穷达以时》列举了好些历史事例。

四、从而"性自命出，命自天降"[2]的"性"，便是与物性相区别的自然人性。竹简非常详尽描述的喜、怒、爱、思、欲、虑、智、念、强、弱等均出于此自然之性。这里毫无"人性善"的道德说法。后儒直到今天的现代新儒家对"人性"和"天命"的道德形而上学的阐释，似乎值得重新考虑。

五、《性自命出》篇的要点在于：强调对自然人性做各种分

---

① 第 145 页。
② 第 199 页。

析、陶冶和塑建。竹简对"性"其实也就是人的各种心理状态及其因果联系做了多方面、多层次、多角度的区分刻画,"爱出于性,亲出于爱,忠出于亲"①,"欲出于性,虑出于欲"②,"恶出于性,怒出于恶"③,"喜出于性,乐生于喜,悲出于乐",等等,伦理与心理在此交织一片,混为一谈,并且是把伦理原则建立在心理基础之上。其中,对性的具体交接及其陶冶,如"动之"、"逢之"、"交之"、"厉之"、"出之"、"养之"、"长之"、"习之"④等做了文献中少见的强调和规范。它们是外在礼制周详规定(如《仪礼》中所见)的内在心理对应物。也如竹简所说:"君子执志必有夫□□之心,出言必有夫柬柬之信,宾客之礼必有夫齐齐之容,祭祀之礼必有夫齐齐之敬,居丧必有夫恋恋之哀,君子身以为主心"⑤,外在的"言"(言语)、"容"(姿态)等是"礼"的规范,内在则是"敬"、"哀"等人性心理的陶冶。后者被看作是前者的自觉主宰,从竹简,似乎可以更深一层了解为什么原典儒学总是"礼、""乐"并提,强调治内(心)与治外(礼)同样重要,为什么儒家的"治国平天下"要置放在"修身"、"修己"、"内圣"的基础之上,即陶冶锤炼"心"、"性"的基础上。

---

① 第203页。
② 第203页。
③ 第204页。
④ 第179页。
⑤ 第181页。

竹简非常重视"心"（"心"、"性"之分及其关系,本文暂略）,认为"凡道,心述为主"①,"虽能其事,不能其心,不贵"②,"虽有性,心弗取不出"③。但"人虽有性,心无奠志"④。本然的心是虚设的可能性,它"待物而后作,待悦而后行,待习而后奠"⑤,因而是需要学习和教导的："四海之内,其性一也,其用心各异,教使然也"⑥,"教,所以生德于中者也"⑦。所谓"生德于中"也就是生德于"心"。此外,如《缁衣》篇对"逊心"、"欢心"、"遁心"等描述,都表明与宋明理学的高头讲章式的心性理论颇不相同,这里着重的是对"心"、"性"非常具体的分析和实在的规范。

六、从而,不止于"心"、"性",而且重"情"。如果上述可谓"修道之谓教";那么,"率性之谓道"就涉及"情"。与后世"性善情恶"观念（从汉儒到理学）完全相反,"情"在这里占据了显赫的肯定位置,"情生于性"⑧而"道始于情"⑨。因为"情"

① 第179页。
② 第180页。
③ 第179页。
④ 第179页。
⑤ 第179页。
⑥ 第179页。
⑦ 第179页。
⑧ 第179页、203页。
⑨ 第179页。曾有人认为,先秦"情"字均不作"情感"而应作"情况"解,其实二者均有,郭店竹简好些"情"字似可明确作"情感"解。

是"性"的直接现实性,是"性"的具体展示,前述对"性"、"心"
的陶冶塑建实际便都落实在"情"上。不但"始者近情, 终者
近义"①,"礼生于情"②,"礼因人之情而为之"③;而且,"苟
以其情, 虽过不恶, 不以其情, 虽然不贵;苟有其情, 虽未之为,
斯人信之矣"④,"情"竟成了善恶忠信的标尺所在。竹简对"情"
做了细致描述和周详规范。如"喜斯慆, 慆斯奋, 奋则咏, 咏
斯猷, 猷斯迁, 迁, 喜之终也","愠斯忧, 忧斯戚 , 戚斯叹,
叹斯辟,辟斯通,通,愠之终也"⑤。对比《礼记·乐记》《荀子·乐
论》对"情"的分析和重视,竹简更为细密周详。原典儒学以"情"
为本作为一个非常重要的特征 (所以重"乐"——音乐),却一
直为后世所忽视。王夫之曾指出,《孟子》七篇少讲乐 (音乐),
宋明理学更是逞思辨, 轻感情, 斥文艺, 高谈心性, 忽略礼乐,
颇有异于竹简。

我曾以为,"孔学特别重视人性情感的培育……实际是以情
作为人性和人生的基础、实体和来源。……强调亲子之情 (孝)
作为最后实在的伦常关系以建立人—仁的根本,并由亲子、君臣、
兄弟、夫妇、朋友五伦关系, 辐射交织而组成和构建各种社会

---

① 第 179 页。
② 第 203 页。
③ 第 194 页。
④ 第 181 页。
⑤ 第 180 页。

性情感作为'本体'所在，强调培植人性情感的教育，以之作为社会根本。"①这也就是拙文《孔子再评价》中所说的孔子仁学的"心理原则"。对"心"、"性"、"情"的陶冶塑建以实现"内在自然的人化"，乃儒学孔门的核心主题。今日竹简似可佐证此说。

七、为何如此重"情"、"性"、"心"的陶冶塑建？其原因何在？这有历史和现实两方面的根源。前者我以为与上古巫术仪典有关。在原始群体性的巫术仪典中，人心的忠诚敬畏被认作关乎神秘力量的出现和存在，至为重要，否则即渎神致灾。至今民间小传统各种巫术迷信中仍有"诚则灵"的普遍观念。历经久长岁月的理性化，与原始巫术仪典的外在方面演化为繁复的礼制系统（《仪礼》、《周官》）的同时，其内在方面对心灵忠诚敬畏的讲求，便演化为原典儒学如竹简这种对"心"、"性"、"情"的分析研讨和理性阐释。儒术与巫师有关，拙文《孔子再评价》中曾引述章太炎"明灵星午子吁嗟以求雨者谓之儒"的说法。我以为，周公"制礼作乐"，完成了外在巫术仪典理性化的最终过程，孔子释"礼"归"仁"，则完成了内在巫术情感理性化的最终过程。他们两位的伟大历史地位即在于此。周、孔并称，良有以也。巫术仪典的直接理性化使中国没有出现科学与宗教分途，从而各自独立发展；它产生的是情理交融，合信仰、情感、直观、理知于一身的实用理性的思维方式和信念形态。

八、"太一生水"。何谓"太一"？表面看来，特别是按照我们今日已很习惯运用的西方哲学史的视角来看，非常容易把它当作宇宙万物的客观"本体"或最终"实在"，即 Logos 或"道"。但实际恐未必如此。我疑其来由或根源仍在上述先民的原始巫术仪典。很可能，上古先民将巫术仪典中所可感受却不可测度难以言说的巨大神秘力量谓之"太一"。"太一生水"很可能是先民对巫舞致雨的客观理性化的提升理解。包括今本《老子》的"无，（厚按：巫也，舞也）①名天地之始"，恐亦此之遗痕。巫舞致雨对先民及万物的生命、生存和生活具有如此决定性的巨大意义，因之用致雨的种种力量来解说宇宙的生成和变化，说它生天生地，成神明成阴阳成四时，而乃相当自然或理所当然的事情。《礼记·礼运》有与竹简完全类似的章句："夫礼，本于太一，分而为天地，转而为阴阳，变而为四时，列而为鬼神"，显然出于同一来源，但因时代进步，删去了"生水"、"水反辅太一"等粗糙的原始描述，变得更为抽象化、理论化，但说"礼本于太一"倒正好说明了一切来源于原始巫术仪典。原始巫术仪典这种理性化（客观化和叙事化），我以为是了解中国古代思

---

① 参见庞朴《稂秀集·说无》。竹简"语丛一"："凡物由室生"，裘锡圭释"室"作"亡"（即无）。

想史及其特征的一大关键①。它即使后来发展为具有形上意味的典型哲学话语，如《老子》的"道可道，非常道"，《易传》的"易有太恒（据马王堆帛书），是生两仪，两仪生四象"等等，却仍不失其感性活动光辉，原因恐亦在此处。

重视"心"、"性"、"情"的社会现实原因，则来自上古氏族统治体制的需要。父家长必须得到本氏族、本部落、部落联盟众多子民的衷心拥护支持，才能顺利地进行领导和统治。这就是"得民心"、"爱民"之所以成为儒家基本政治原则的根本原因。而"禅让"（《唐虞之道》）之所以可能；儒家（如竹简）大讲"亲亲尊尊"，心理、伦理和政治如此高度结合（希腊便不如此）；孔子讲"导之以德，齐之以礼"，反对"导之以政，齐之以刑"；竹简讲"民可导也，而不可强也"；以及"礼"、"乐"并行（"礼"即"别异"：制定上下尊卑的社会秩序；"乐"又要去"合同"，追求不同等级成员的心理和谐、情感融洽），与重视"心"、"性"、"情"一样……都有氏族统治体制的历史背景的根源。它们是氏族统治体制的"原始的民主性和人民性"②的体现。

也正因为如此，如我以前所再三提问，为什么孔、孟周游列国以失败告终？为什么自孔、孟以来，"内圣"总开不出"外

---

① 参见拙文《巫史传统论纲》（未刊）。

② 《孔子再评价》，《中国社会科学》，1980 年第 2 期。

王"？还可以问为什么先秦儒家大讲的"礼乐"，终于衰亡，以
致作为六经之一的"乐"完全失传？这就是由于时移世变，氏
族统治体制经由春秋战国已彻底崩溃而无可挽回（"礼崩乐坏"），
秦汉大帝国是以"政"、"刑"而不是"礼"、"乐"来进行专制统治。
从而，本具有重大政治作用的对"心"、"性"、"情"的陶冶塑
建及其重要实现途径之一的"乐"（"求其心为难……不如以乐
之速也"）①当然被置诸一旁；"礼"则成为与政刑结合的典章
制度以及不重要的外表仪式，而且丧失大半，留下的是仅供回
忆的《仪礼》之类古老记录而已。在上古，培育心性、陶冶性
情使"德出于中"本具有严重的政治意义，是要求氏族首领修
己生德，作为表率，而后才能引领群体，治理天下。"延续着氏
族政治的传统，即群体命运经常取决于氏族首领们的才德。所
以在那里，道德常常就是政治，这正是原始儒学和孔孟之道的
历史秘密"②。竹简作为"东宫之师"的藏书，并不是平民百
姓的道德教科书，而是王公大人治理天下的政治讲义。在后世
"内圣"仍属个体，人皆可以为尧舜，但与"外王"无关，不是
人皆因之而可以受禅让做皇帝了。原典儒学的政治讲义终于变
而为宋明儒学的道德教材。"情"、"乐"（音乐）理论最终失去，
"心"、"性"塑建成了品节操守和所谓"抗争精神"的士大夫个

---

① 第179页。《荀子·乐论》："乐者……可以善民心，其感人深，其移风易俗易。"
② 拙著《中国古代思想史论》，第271页。

体的道德追求。

九、关于《老子》。竹简所录当为古本，无形上篇章，无兵法、权术，无反儒特色（最突出的今本"绝仁弃义"，此为"绝巧弃利"，与儒学斥"巧"摒"利"一致），基本思想与儒家同：重孝慈，主忠信。今本《老子》的抵牾矛盾（如肯定抑否定"孝慈"、"圣人"等）可涣然冰释，亦可证今本《老子》乃不断增益更改，历经数百年始定形的结集，并非一人一时所作，可解决长期聚讼纷纭的时代、作者等问题。以《老子》为代表，竹简诸多篇章的思辨和概括均具有很强的经验性、历史性的特色，始终是"以实事程实功"或"实事求是"式地就人事说"人道"，既无神话的想象翱翔，也无超越的形上探索，即使是抽象概括，也不过是将可感受却不可测度、知晓的神秘力量（包括生命所以可能的"力量"）描述为"天"为"命"为"太乙"，将可感知测度知晓的力量和对象描述为"地"为"形"等等。所有这些，如前所述，理性思辨始终具有感性征候，这一特色一直延续到后世的"哲学"典籍。

十、总起来看，竹简各篇年代不一，内容兼容并包，参差不齐，并不完全一致，但主体仍属儒学的不同倾向或派别的文献。早者或可与孔子同时或稍前后，也不排除其中有孔子本人的论著或语录在内。而全体则均应早于孟子。虽有《缁衣》《五行》《鲁穆公问子思》诸篇，却并未显出所谓"思孟学派"的特色（究竟何谓"思孟学派"，其特色为何，并不清楚）。相反，竹简明确认为"仁内义外"，与告子同，与孟子反。因之断定竹简属"思孟学派"，似嫌匆忙，未必准确。相反，竹简给我的总体印象，毋宁更接近《礼记》及荀子。《礼记》是一杂凑合集，其中荀学分量不轻。竹简多次说"凡动性者，物也"[1]、"及其见于外，物取之也"[2]、"（性）待物而作"等等，与《礼记·乐记》《荀子·乐论》"人心之动，物使之然也"，"感于物而动，性之欲也"，"夫民有好恶之情而无喜怒之应则乱。……故修其行，已其乐"等比较接近。《穷达以时》的"有天有人，天人有分"[3]与荀子的"天人相分"；《穷达以时》的"遇不遇，天也"[4]与《荀子·宥坐》"遇不遇，时也"有完全相似观念及章句。但与荀子也有重要出入，如荀讲性恶，竹简没有；竹简重情，荀子没有甚或相反。就全体说，竹简重视外物对"心"、"性"、"情"的作用，强调陶冶、教育的人为造作，分析、论述具体细密，而不是孟子那种模糊、笼统而神秘的"扩而充之"、"我善养吾浩然之气"之类的说法。此外，竹简专注于"人道"，"知天"处于次要位置……凡此种种，其基本倾向似更近荀而不近孟；更可能是当时派系分化尚不鲜

---

① 第145页。
② 第145页。
③ 第145页。
④ 第145页。

明，只是处在某种差异状态中，因此不能判其属于某派某子。

这似乎也说明，尽管也有重大改变，如将"刑政"与"礼乐"相提并论（大不同于孔子），荀学仍可能是以讲礼乐为特征的原典儒学的忠实传人。无怪乎虽经秦火，荀学未灭；在汉代，荀子地位甚高，远在孟子之上。从荀子到董仲舒，先后吸取了道家、法家、阴阳家等等，儒学已产生重大变易，构成了儒学第二期。孟子则是一千年后，由韩愈到理学所捧出来的。宋明理学吸取佛家，将儒学心性理论高度思辨化、形上化，成了说理充筐"极高明"的道德学说，孟子也被抬到"亚圣"地位。于是自汉至唐的周孔并称变而为孔孟并称，构成了儒学第三期。这一直延续到今日的"现代新儒家"。其实，这倒可能是"别子为宗"，离竹简所代表的原典儒学相距甚远。今日诵读竹简，重返原典，似应跳出宋明理学和现代宋明理学（即"现代新儒家"）的樊篱框架，并重孟荀，直挑魏晋，以情为本，"礼"（人文）、"仁"（人性）合说，吸取近现代西方思潮，用"自然人化"、"人自然化"释"天人合一"，实行转化性创造，或可期望开创儒学第四期之新时代？

1998 年 7 月

初拟儒学深层结构说（1996）

一

在探讨"儒学"之前，首先似乎应该做却一直没好好做的，是"正名"工作，即尽可能地澄清一下 "儒"、"儒学"（或 "儒家"、"儒教"）这些语词、概念在使用中的意义。在澄清的尝试中，也许可以看出儒学在近代中国的某种处境和变迁，并引出值得研究的问题。

当然，这里不可能作分析哲学式的细致讨论，而仍然只能粗略地看看这个语词的一般使用情况。这似乎可分出以下几种：

（1）"儒"（家、学、教，下同）是与 "墨"、"道"、"法"、"阴阳"等思想、学派相并立、并称而言的。这是最早（先秦）也是最广泛的一种用法，[①]至今仍然如此。不但在哲学史、思想史的

---

① 关于 "儒" 的本义，不是本文讨论范围，可参阅陈来：《说 "说儒"》，见《原道》第二辑，1995。

著作中,而且也在日常语言中。但在这种使用中,并未明确"儒"的标准,因之也无法界定和回答"什么是'儒学'"、"哪些人算'儒家'"等问题。

（2）在"现代新儒家"等学术圈子里,"儒学"、"儒家"尽管也未给予定义式的规范,但可以看出,他们认为（虽然并不完全一致）"儒学命脉"或"儒家精髓"主要是孔、孟、程、朱、陆、王这一思想传承和理论线索,认为这条"道问学"、"尊德性"即以心性论为主干的"内圣"哲学,才是"儒"的根本特征。依据这一标准,其中一些比较彻底者把董仲舒排斥在儒家正统之外（如劳思光）,有的则明确指出叶适是孔子的"敌人"（如牟宗三,由此叶适之不属于儒门"道统"自不待言）。有的则没有这么极端,含含混混地承认荀子、董仲舒以至叶适等人也是值得谈论的儒家。

（3）但实际上"儒"、"儒家"、"儒学"在两千多年的使用中,范围要比上述两种含义广泛得多。自汉以来,读书人一般便被称作儒生或儒士,因为他们所诵读的典籍主要是《五经》,宋代以后是《四书》;他们的行为规范、价值观念、人生态度,基本上或至少在表面或口头上遵循、承认、认同"周孔之道"或"孔孟之道"。即使其中好些人接受或掺杂有其他思想学说的影响或成分,因而有时被称作道家（如陶潜、李白）、法家（如王安石、张居正）、佛家（如王维）,这仍然是由于儒学在先秦以后的不断发展中，包含、吸取了各家学说，因此使许多人常常是亦儒亦道、亦儒亦佛、亦儒亦法，甚至亦儒亦墨。好些人出门做大官，在家称"居士"。但除了那些真正去做了和尚、道士、术数家者外，他们基本上所崇奉、履行的仍然是儒学，他们基本上仍然是儒家。曾国藩便曾明确自承："细思立身之道，以禹、墨之勤俭，兼老、庄之静虚，庶于修己治人之术，两得之。"[①]但这丝毫没妨碍曾国藩是典型的"儒家"。因此程、朱、陆、王讲的固然是儒学，王安石的《三经通义》(不传)、叶适的《习学记言》，以及王船山、戴震等人的论著，又何尝不算"儒学"？而且程、朱、陆、王这种标准的"儒学"不也从佛、道中吸取了许多思想成分吗？可见，**所谓"儒学"、"儒家"、"儒"这些观念、概念、语词，实际上正是这些粗略而含混地被长期使用着的。**

（4）大概自19世纪末，开始发生了问题。如上所述，古代士大夫尽管大量吸收道、法、墨、阴阳各家思想，但一般仍然主要诵读儒学典籍，基本以儒学为本而吸取别家，而且经常是自觉地认同"儒家"，承认自己是"孔孟之徒"。但在近代西方思潮的猛烈冲击下，数千年的政治体制和意识形态不断挫败，传统儒学的负面作用被不断揭露，特别是科举制度的废除、新式学堂的成立，除了极少数人外，大多数近现代知识分子不仅

---

① 《曾国藩全集·日记一》，第574页，长沙，岳麓书社，1986。

不只读而且还可以不读儒家经典，同时也可以不再以儒学为根本，不再信仰、崇奉、服膺"孔孟之道"。即使接受或继承了某些"孔孟之道"（包括"内圣"要求的立身处世，和"外王"抱负的济世救民），好些人却并不认同儒家，而宁愿认同于更为含混模糊的"传统文化"或"文化传统"之类的观念或词语。于是"儒"（学、家、教）这个概念、语句的适用性便大为缩小。康有为、谭嗣同、梁启超、严复等这一代，我们很难用传统的"儒学"、"儒家"来描述或概括他们，更不用说陈独秀、鲁迅、胡适、毛泽东①、郭沫若等下面几代人了。特别是从五四到今天，对"儒"（家、学、教）的充满情绪化的论争和批判纷至沓来，各种肯定、否定的价值判定，使这一概念更增添了纠缠不清的纷乱。于是，什么是"儒"、"儒学"、"儒家"成了问题。

（5）问题的复杂性在于："儒"（家、学、教）的重要特征之一，是它的价值和意义并不一定系于人们是否自觉地认同和承认它，实际上更重要的是，它已化入为汉民族某种文化—心理结构的主要成分，千百年来对广大知识分子并由之而对整个社会的思想情感、行为活动一直起着规范作用；并由意识而进入无意识，成为某种思想定式和情感取向。包括所谓积极进取的生活态度（"天行健，君子以自强不息"）、关注国家民瘼的济世心怀（"天

---

① 　我不能同意金观涛等认为毛将"马克思主义儒家化"的论断。

下兴亡，匹夫有责"）、重视立身处世的道德修身（"达则兼济天下，穷则独善其身"）等等，便至今仍然影响着或存在于中国知识分子的思想情感和行为活动中。比较起来，佛的出世（佛也济世救人，但主要拯救灵魂）、道的超脱（道也独善其身，但否定人事）、法的阴狠、阴阳的术数、墨的摩顶放踵，其影响和作用反而远居其次。因此，如果在这样一种层次上来理解"儒"，则可以有一个**更为宽泛的观念或概念，即它主要指积淀在人们**（主要通由士大夫知识分子）的意识、心理中的自觉和不自觉的**某种特质和性格**。只要不是去出家当和尚，或是彻底不问世事的颓废派或极端的个人主义者，便可以在他们身上**（意识观念上、生活行为上、思想情感上、理论学说上）发现"儒"的内涵和特质**。笔者在《中国现代思想史论》中把"打倒孔家店"的英雄们也看作"儒"的影响，便是在这层宽泛的意义上讲的。这层意义涉及了笔者所谓的儒学深层结构的问题。

二

在 1980 年发表的《孔子再评价》文中，我曾强调认为：

尽管不一定自觉意识到，但建立在血缘基础上，以"人情味"（社会性）的亲子之爱为辐射核心，扩展为对外的人道主义和对内的理想人格，它确乎构成了一个具有实践性格而不待外求的心理模式。孔子通过教诲学生，"删定"《诗》、《书》，使这个模式产生了社会影响，并日益渗透在广大人们的生活、关系、习惯、风俗、行为方式和思维方式中，通过传播、熏陶和教育，在时空中蔓延开来。对待人生、生活的积极进取精神，服从理性的清醒态度，重实用轻思辨，重人事轻鬼神，善于协调群体，在人事日用中保持情欲的满足与平衡，避开反理性的炽热迷狂和愚盲服从……它终于成为汉民族的一种无意识的集体原型现象，构成了一种民族性的文化—心理结构。孔学所以几乎成为中国文化（以汉民族为主体，下同）的代名词，绝非偶然。[①]

这便是上述意义即第五种含义的"儒"。也如我以前所说：

> 我的兴趣……主要是想探索一下两千多年来已融化在中国人的思想、意识、风俗、习惯、行为中的孔子。看看他给中国人留下了什么样的痕迹，给我们民族的文化心理结构带来了些什么长处和弱点。这个孔子倒是活生生的，就在你、我、他以及中国人的观念中间……因之，即使广

---

① 《中国古代思想史论》，第 32 页，北京，人民出版社，1985。

大农民并不读孔子的书，甚至不知孔子其人，但沉浸和积淀在他们的行为规范、观念模式、思维方法、情感态度等意识和无意识底层的，主要仍是孔子和儒家的东西，而不是道家、法家或佛教。当然这些东西也有，但大半已被吸收、包含、融解在儒家中了。……正因为它是文化心理的现实存在，已经浸入无意识的深层，这便不是想扔掉就能扔掉、想保存就可以保存的身外之物。从而歌颂它如何好，要求全面守住它；或指责它如何坏，主张彻底抛弃它，都没有多少意义。重要的是作清醒的自我意识（包括将无意识予以意识化）和历史的具体分析，以首先了解而后促进它的转化或革新。①

这也就是我今天要谈的儒学深层结构说。因之，所谓儒学的"表层"结构，指的便是孔门学说和自秦、汉以来的儒家政教体系、典章制度、伦理纲常、生活秩序、意识形态，等等。它表现为社会文化现象，基本是一种理性形态的价值结构或知识—权力系统。所谓"深层"结构，则是"百姓日用而不知"的生活态度、思想定式、情感取向；它们并不能纯是理性的，而毋宁是一种包含着情绪、欲望，却与理性相交绕纠缠的复合物，

---

① 《关于儒家与"现代新儒学"》，见《走我自己的路》，第237—238页。

基本上是以情—理为主干的感性形态的个体心理结构。这个所谓"情理结构"的复合物，是欲望、情感与理性（理知）处在某种结构的复杂关系中。它不只是由理性、理知去控制、主宰、引导、支配情欲，如希腊哲学所主张；而更重要的是所谓"理"中有"情"，"情"中有"理"，即理性、理知与情感的交融、渗透、贯通、统一。我认为，这就是由儒学所建造的中国文化心理结构的重要特征之一。它不只是一种理论学说，而已成为某种实践的现实存在。

这个所谓"深层结构"，也并非我的新发现。其实它是老生常谈，即人们常讲的"国民性"、"民族精神"、"文化传统"等等，只是没有标出"文化心理结构"的词语，没有重视表、深层的复杂关系及结构罢了。当然，所谓"深层"、"表层"的区分并不容易。第一，**"深层"是由"表层"经历长久的时间过程积淀而来**，其中包括自觉的文化教育（如古代的"教化"政策）和不自觉的风俗习惯。中介既复杂多样，自觉不自觉也交错纠缠，从而很难一刀两断，截然划开。第二，**"深层"既然包含无意识和情感**，也就很难用概念语言作准确表达。它与"表层"的区分只能大体点明一下。

那么，什么是这个"深层结构"的基本特征呢？我以前论述过的"乐感文化"和"实用理性"仍然是很重要的两点。它们既是呈现于表层的文化特征，也是构成深层的心理特点。将这两点归结起来,就是我近来常讲的"一个世界(人生)"的观念。这就是儒学以及中国文化(包括道、法、阴阳等家)所积淀而成的情理深层结构的主要特征,即不管意识到或没意识到、自觉或非自觉,这种"一个世界"观始终是作为基础的心理结构性的存在。儒学(以及中国文化)以此而与其他文化心理如犹太教、基督教、伊斯兰教、印度教等相区分。自孔夫子"未知生,焉知死"、"未能事人,焉能事鬼"、"子不语怪力乱神"开始,以儒学为主干(道家也如此,暂略)的中国文化并未否定神(上帝鬼神)的存在,只是认为不能论证它而把它沉放在渗透理性的情感状态中:"祭如在,祭神如神在","吾不与祭,如不祭"。儒学之所以既不是纯思辨的哲学推断,也不是纯情感的信仰态度;它之所以具有宗教性的道德功能,又有尊重经验的理性态度,都在于这种情理互渗交融的文化心理的建构。儒学不断发展着这种"一个世界"的基本观念,以此际人生为目标,不力求来世的幸福,不希冀纯灵的拯救。而所谓"此际人生"又不指一己个人,而是指群体——自家庭、国家以至"天下"(人类)。对相信菩萨、鬼神的平民百姓,那个神灵世界、上帝、鬼神也仍然是这个世界——人生——的一个部分。它是为了这个世界、人生而存在的。人们为了自己的生活安宁、消灾祛病、求子祈福而烧香拜佛,请神卜卦。

由于儒家的"一个世界"观,人们便重视人际关系、人世情感，感伤于生死无常，人生若寄，把生的意义寄托和归宿在人间，"于有限中寓无限"，"即入世而求超脱"。由于"一个世界"，人们更注意自强不息，韧性奋斗，"知其不可而为之"，"岁寒，然后知松柏之后凋"。由于"一个世界"，儒学赋予自然、宇宙以巨大的情感性的肯定色彩："天地之大德曰生"、"生生之谓易"、"天行健"、"厚德载物"……用这种充满积极情感的"哲学"来支持人的生存，从而人才能与"天地参"，以共同构成"本体"。此即我所谓的"乐感文化"。由于"一个世界"，思维方式更重实际效用，轻遐思、玄思，重兼容并包（有用、有理便接受），轻情感狂热（不执着于某一情绪、信仰或理念），此即我所谓的"实用理性"。至于这个"一个世界（人生）"的来由，当然并非始自孔子，而是源远流长，可能与远古黄河流域自然环境优越（较诸巴比伦以及埃及、希腊），人对"天地"产生亲近、感恩、敬重而非恐惧、害怕从而疏离的基本情绪有关。这一点，好些人（如牟宗三）也都指出过。不过我以为更重要的是中国远古巫术传统的缘故。巫术是人去主动地强制神灵，而非被动地祈祷神灵。中国巫术的过早理性化，结合了兵家和道家，而后形成了独特的巫史文化，这是一个极为重要的古史和思想史课题，另文再论。

由于是"一个世界"，便缺乏犹太—基督教所宣讲的"怕"，缺乏无限追求的浮士德精神。也由于"一个世界"，中国产生了牢固的"伦理、政治、宗教三合一"的政教体制和文化传统；

"天人合一"成了公私合一,很难出现真正的个性和个体。于是,一方面是打着"天理"招牌的权力—知识系统的绝对统治,另一方面则是一盘散沙式的苟安偷生和自私自利。总之,由于"一个世界"的情理结构使情感与理知没有清楚划分,工具理性与价值理性混为一体,也就开不出现代的科学与民主。

今天的工作似乎在于:要明确意识到这个问题。要明确意识它,需要进一步了解儒学在表层是如何来构造这种情理结构的。儒学向以人性为根本,将伦理、政治、宗教或统摄或归结为人性问题。不管是"礼"是"仁",是孟是荀,人性问题始终乃关键所在。人性与个体的感性心理直接关联,由此才可能产生情理结构的建造。

孔子说:"性相近也,习相远也。""于女安乎?……女安,则为之。"孟、荀都大讲人禽之辨,端在人性。因此不管是"性善"(人有先验的善端)、"性恶"(自然动物性),都强调教育,以使人性复归(孟)或获得人性(荀)。而所谓教育,也就是要求将理性渗入情感,使人的动物性情欲转换为"人性"情感。例如,在动物界,母爱是一种生物本能。儒学虽以这种生物本能的感性为前提,却强调它的"人化"性质,即强调不但母亲而且父亲也应该爱子女(父慈)。更重要的,它强调必须是双向的爱,即子女更应该爱父母(子孝)。儒学强调这种爱不能只是外在的礼仪秩序或制度规范,而更应该是内在情感态度的培育。孔子说:

"至于犬马，皆能有养。不敬，何以别乎？"儒学以人性的情感心理作为出发点，以这种双向的亲子之爱以及兄弟（家庭成员）之爱作为轴心和基础，来建构社会的一切，由伦理而政治（"迩之事父,远之事君"等）和宗教（三年之丧、祖先崇拜等）。从而，所谓"孝悌也者，其为仁之本与"就完全不是某种纯粹理性的哲学的思辨，也不是某种实践理性的道德规范，而是在营造某种感性心理的情理结构。各种宗教都着力建立自己的情感结构。它们常常以一个超越的神本体作为信仰的对象和情感的依托；或以理性独立自足，绝对无误，通过理知便足以论证神的存在（如本体论、宇宙论、目的论等证明）；或恰好相反，强调"正因为荒谬，所以我相信"，排斥理性，直接诉诸情感。这里的这些情理关系和结构便颇不同于儒学。儒学把依托和归宿不建筑在神或理性（真理）之上，而建筑在情理交融的人性本身之中。因之，不强调理性与感性、灵与肉、彼岸与此岸的对立和冲突，而是要求由感性肉体负载着的心理本身，成为形上追求的对象，即追求感性血肉本身积淀的完成和圆满。所谓"兴于诗,立于礼,成于乐"，即此之谓也。

三

儒学建筑情理交融结构这一特征，当然充分表现在表层结构的"内圣"之学或道德形而上学上。由牟宗三所阐释的所谓"内在超越性"、"灵明一点"的"良知",便充满了情感色调。它与康德那个与感性隔离、绝对森严的本体世界不大一样（参见拙作《中国古代思想史论·宋明理学片论》）。

而且这种情理结构也同样表现在表层结构的"外王"之学上。董仲舒的"仁外义内"、"天人感应"、"好仁恶杀"的政治哲学，同样以这种人性情感为基础，它并不是思辨的观念或逻辑的推理。实际上,它与孟子的"不嗜杀人者能一之"、"以德服人者王"倒是一脉相通的。从汉代的公羊学和"阳儒阴法"到后世讲的"得（失）民心"、"理无可恕,情有可原"等等，也都是这一具有情感特色的儒学"外王"传统的延续。值得重视的是,自汉代以来,一大批所谓"循吏"、"儒林"向广大民众推行"教化",从而将儒学这种着重建立情理结构的思想学术,逐渐而不断地变为社会的普遍意识,所谓"以礼化乡里"、"邑里化之"。如果要说"儒教",便可追溯到这里。尽管**它并不是标准的宗教，但已成为社会某种普遍接受的信仰、教义、规范、标准和风俗习惯；此后历代的各种家规、族训、乡约、里范等，也是如此。儒家的思想学说便这样融化在日常生活、乡里人情、民间风俗之中。"大传统"也就这样渗入"小传统"。儒学教义由共同遵循的普泛观念、价值标准、道德要求就这样日益成为不自觉的思维定式和情感取向。表层结构积淀了人心中的深层结构。**

再重复一遍，我认为，儒学之所以能成为华夏文化的主流、骨干，主要在它已化为民族的文化心理状态。正因为此，不但在"大传统"中，而且也在"小传统"中，儒学都占据统领地位。而且由于这个"小传统"一直支援着"大传统"，即使佛教东来，朝野翕从，却不但没能在政教体系上动摇儒学（佛学本无政治学说的内容），而且即使在意识观念、民情风俗、心理状态上，也未能改变汉民族的基本面貌和精神。恰好相反，正是这个以"儒"为主的汉民族的文化心理的深层结构，引导了在"大传统"中的佛学中国化（从禅宗到理学）和"小传统"中的"三教合一"（如和尚念经、道士念咒、儒生"喊礼"，在丧事活动中并行不悖）。这个以"儒"为主干的华夏文化心理结构，一方面不断地沉积巩固，积淀下历史的成果，另一方面又不断地吸取、融解、同化新的文化因素，以发展和更新自己。与此平行，并反射到"大传统"的意识形态和理论领域上，于是朱熹的孔子不同于董仲舒的孔子，康有为的孔子不同于朱熹的孔子，以及今天的孔子又将大不同于一切以前的孔子，如此等等。

在这个意义上，表层结构如何转化为深层结构，后者又如何制约和改变前者以及改变自身，这之间的各种复杂关系便值得继续深究。一般来说，许多表层结构已随时间而消逝或动摇，但积淀在深层结构层次上的那些东西却常常顽强地保存下来。其中既有适用和有益于现代生活的方面，也有阻碍现代生活的方面；今天对此无意识加以意识，搞清它的来龙去脉，正是认识儒学的真正面目，以卜测未来的重要途径。

四

儒学结构无论表层或深层，在近代遇到的严重挑战，如前所述，主要来自西方文化的冲击。由于西方文化本身是与日常生活方式的改变（科技、现代工商业、小家庭、独立的个体等）具体联结在一起，不但原有的儒学表层结构、纲常伦理、道德观念没法适应，而且严重侵蚀、瓦解着人们心中原有的深层结构。这一侵蚀、瓦解可以有不知不觉的形态（如趣味的变异、习惯的迁徙），也可以有自觉的激剧冲突的形态（如个体与家庭、权利与义务中的情—理的冲突和苦痛）。从而，所谓儒学命运便不但取决于表层结构能否应对近代西方科学、民主等挑战，更取决于深层结构上现代西方以其深刻的个人主义、悲观主义、反理性主义（如弗洛伊德学说、海德格尔哲学、基督教等）迥然不同的精神、传统和情理结构对华夏本土的文化心理发出了质询、征讨和否定。他们所否定的不只是表层结构的儒学学说，不只是那些伦常政教体制，而更是积淀在深层结构中以"儒"为主的"一个世界"观的华夏传统。用一句时髦的话，这是对中国"民族性"、"国民性"的挑战。

　　从而,以"一个世界"为根基,以"乐感文化"、"实用理性"为特色的华夏文化心理结构,那种种重感性存在、重人际关系、重整体秩序等情感取向、思维趋势,在今后是将走向逐渐泯灭、废弃,还是保存和开展呢? 这便是问题所在。当然会生发出各种不同的看法和意见,会产生各种不同的倾向和潮流。

　　西方文化对中国的挑战,严格来说,可说始自 19 世纪末的甲午、戊戌年间。以前西方的坚船利炮只轰破了中国的大门,从表层到深层,儒学地位和传统并未受到影响。中日战争的失败(1895 年)才是真正的转折点。儒学表层问题日益突出,三纲五伦受到怀疑。这时出现了三种思想倾向:张之洞的保守主义、谭嗣同的激进主义和康有为的自由主义。它们可说开 20 世纪各派思想之先河。我在《再说西体中用》一文中对此已加论说,这里不拟重复。简单来说,如从结构方面看,保守主义的特点在于固守儒学双层结构;激进主义的特点在于冲击表层。两者都忽视了深层问题。保守主义不认识不但表层结构在现代西方文明的优势冲击下将全面崩溃,而且深层结构也将随现代生活方式的输入而逐渐变迁,"保守"是守不住的。激进主义虽激烈冲击表层,全盘否定儒学,却未注意其自身即有儒学深层在起作用。胡适、鲁迅虽激烈反儒,但他们的立身处世、待人接物,以及他们激烈反儒的本身,即有儒学深层作用在,并且还正好暴露了这一深层心理的优长与弱点:其优长方面即以"一个世界"

为根基，虽高喊个体的自由与独立，实际却仍然爱家爱国，为国为民;弱点的方面即虽高喊理性精神、科学态度,却仍然是"激情有余，理性不足"，传统的情理结构并未改变或分化。

从这里也可以约略看到，儒学深层结构中可以继承发扬的,是这种为国为民、积极入世的情理结构，但只能把它纳入我所谓的"宗教性道德"（私德）之中，以引领个体的行为活动，而必须与共同遵循的"社会性道德"（公德）相区别。后者是以现代理性精神、契约原则为基础的。这就是说，要注意区分理性与情感、公共道德与个人修养，虽照顾情理交融的传统，但决不使其淹没一切，泛滥无归。与此同时，让现代生活的理性体系和价值规范作为风俗习惯在日常生活中逐渐沉积，以改变原有积淀，为转换性地创造新时代的深层结构而努力。这也就是我所主张的"自由主义"：以宣传现代观念为根本，以建立未来的人性为鹄的，通过教育，来逐渐既保存又改换传统的情理深层结构。

五

其实，五四白话文和新文学运动便可以作为一个成功的范例。它是现代世界文明与中国本土文化相冲撞而融合的一次凯旋，是使传统文化心理接受现代化挑战而走向世界的一次胜利。

五四以来的新文体，特别是直接诉诸情感的新文学，所载负、所输入、所表达的，是现代的新观念、新思想和新生活；但它们同时又是中国式的。它们对人们的影响极大，实际是对深层文化心理所作的一种转换性的创造。其中，作为新文体和新文学的负载工具的现代汉语（白话书面文字）在输入外来概念、词汇时，所采取的是意译而非音译的方式，便是一例。这是其他语言文字中所非常罕见的现象，在使巨大的汉民族容受外来文化上所起的积极功能，颇值注意。有如一位论者所指出：

　　当一种异体文化进入到本体文化时，不可避免地会引起震荡、排异的反应。排异愈激烈，进入的过程往往愈痛苦，而使本体文化留下大而深的创口。意译的方式在某种程度上可以大大缓和这个矛盾：一方面它对人与人、文化与文化之间的交流采取了顺应的态度，因为这是不可避免的，语言的存在、符号的存在，以至文化的存在，就是为了交往；同时，它又以本体语言——文化的材料对来自异体文化的进入物进行改造。或者说，把那种有可能引起的震荡引导到本体文化——语言的深处，释放它，消解它。这样，本体语言——文化既接受了传入的事实，又未曾丧失自己。[1]

---

[1]　俞建章：《意译——汉语的文化功能试析》，《九州学刊》第 3 卷第 3 期，第 58 页，1984年 12 月。

（这）就是将中国传统文化中的学术及社会行为规范——汉语词汇库中原有的材料提升起来，作为这些外来者的形式——符号能指；让它们以中国传统文化的形式——汉语的能指出现，流通于中国社会——汉语人群中。这样，中国传统文化——汉语既接受了大量外来文化成分——外来语汇，增强了自身的生命力；同时又减少了两种文化——语言之间因形式——能指的不同而可能产生的冲突。[①]

"所指"是输入的西方现代文化，"能指"是改变了的传统的汉字、汉语。"能指"是形式、工具、"用"，与深层心理结构直接相关。"所指"是内容、目的、"体"，是表层文化结构（包括生产—生活方式的经济体制）的输入。[②]意译承续了本民族传统的文化心理结构或思想定式，充分实现了汉字的理解性特征，免去了可能发生的情感抵触。这既不是"保存国粹"，又不是"废除汉字"，而恰好是一种对情理深层结构的适应与创造。不是过分西化，不是鲁迅的"硬译"，也不是林纾的古文，不是传统章回体，看来也未必是当今流行的各种佶屈聱牙、晦涩难通的文体，才能促进表、深层结构的改换。近代成功的新文体常常是既明白如话，又文白相间；传统与现代在这里是合为一体的。

---

① 俞建章：《意译——汉语的文化功能试析》，第68页。
② 这里将"体"作为"表层"，是相对于作为"深层"的心理而言。注意此处的用语复杂性。

哲学家说语言是存在的寓所，现时代的本体存在通过这语言寓所而呈现。但我以为存在毕竟不止寓所于语言，存在所居住的心理寓所更为重要和根本。在走向现代化所必须进行的转换性的创造中，中国"乐感文化"的深层情理结构，当然不仅存留在文学领域，而且也存留在其他各种领域中。因此，在严格区分情、理，以理性的法律为准绳（即以现代化法治代替传统人治）的转换中，如何重视人间和睦、人际关怀、重调解、重协商而并不一切均诉诸冷冰冰的是非裁定或理性法庭，便仍然是值得仔细探讨的。举一个例子，今日的所谓"居民委员会"之类的组织，在丢弃了"小脚侦缉队"的功能后，是否可能以"里仁为美"的传统观念为真正依据，在自愿基础上组成，虽无法定权力，却可以在国家、法庭、政府部门之外主动积极地做更多更好的协商调解工作、社会福利工作和老幼关怀工作呢？这也就是说，表层结构的儒学如所谓"八条目"所规定的伦理——政治—社会秩序，在为现代的法律制度所替代的前提下，由此表层结构积淀为深层心理的人际、感情和价值观念，如亲子之慈孝、朋友之信义、夫妇之恩爱、家国之联系等，即前述的深层情理是否仍然可以自觉地认同于现代社会而保存承继下来，使人际温暖通过包括已改变的表层结构而进入现代和后现代社会呢？

　　既无天国上帝，又非道德伦理……那么，就只有以这亲子情、男女爱、夫妇恩、师生谊、朋友义、故国思、家园恋、山水花鸟的欣托、普救众生之襟怀以及真理发现的愉快、创造发明的欢欣、战胜艰险的悦乐、天人交会的皈依感和神秘经验，来作为人生真谛、生活真理了。……为什么不去认真地感受、体验、领悟、探寻、发掘、"敞开"它们呢？……这就是生命的故园情意，同时也就是儒家的"立命"。"命"并非别的，它关注的正是这个非人力所能主宰、控制的人生偶然。①

钱穆说：

　　孔子的主要教义，乃从全心体来主宰全人生，由全人生来参悟天命真理。孔子主张以人参天，因心见性，并不单一从此心的纯理智方面来推寻真理，乃与西方一般偏重纯思辨纯理知的哲学家有不同。……在全部人生中，中国儒家思想，则更着重此心的情感部分！……②

　　本文试图探讨的，正是这种并非纯理知而是"情理交融"

① 参阅拙作《哲学探寻录》，见《我的哲学提纲》，第 244 页。
② 《孔子与论语》，第 198 页。

的"哲学"。其中，情感占有重要位置。"哲学"一般很少注意这个方面，但我认为它才正是儒学特征和要点所在。人们爱说儒学是"生命哲学"，其实，生命哲学并不在那如何玄妙的高头讲章中，而就是在这活生生的人们的情理结构里。这才是源泉所在。作为生命，作为人性，它们包含着情感，是历史的产物。如果要求哲学回到生命，回到人生，便也是要求回到历史，回到这个情深意真的深层结构。而这，也正是我所盼望的第二次文艺复兴。第一次文艺复兴则是从神的统治下解放出来，确认了人的感性生存；第二次文艺复兴则盼望人从机器（物质机器和社会机器）的统治下解放出来，再一次寻找和确认人的感性自身。面对当前如洪水般的悲观主义、反理性主义、解构主义，儒学是否可以提供另一种参考系统，为创造一个温暖的后现代文明做出新的"内圣外王之道"（由某种乐观深情的文化心理结构而开出和谐健康的社会稳定秩序）的贡献呢？从而，儒学命运难道不可以在崭新的解释中获得再一次生存力量和世界性的普泛意义吗？

但愿如此。

这就是我想继续探讨、寻求的。

（原载《儒家思想的现代诠释》）

中日文化心理比较试说略稿（1997）

一

从中日儒学在各自文化中的实际位置颇不相同说起。

（甲）以孔子为代表和"旗号"的儒学，自秦、汉以来，是中国文化的主干，特别在"大传统"中。这似乎无须论证。《史记·孔子世家》："孔子布衣传十余世，学者宗之，自天子王侯，中国言六艺者折中于夫子，可谓至圣矣。"特别由于汉代以来文官制度的建立，诵读儒家典籍的士大夫知识分子成为中国传统社会的"骨架"（社会结构的主要支撑者），上至载入史册的"儒林"、"文苑"、"循吏"、"名臣"，下到如《儒林外史》中描绘的林林总总的各色人物，无不显示出儒家学说以各种不同方式、形态和在各种不同程度上统治、支配和渗透在这个社会"精英"们的思想、生活、行为、活动中，并已成为他们有意识和无意识的某种文化心理状态。

不仅大传统,在"小传统"或民间文化中,虽然表面上似乎佛、道两教更占优势,老百姓并不拜孔夫子,而是拜观音、关帝或妈祖,但不仅崇奉儒学的士大夫一般并不排斥民间宗教;而且关键更在于,就在民间宗教和礼俗中,儒学好些基本思想也已不声不响地交融渗透于其中了。六朝时"沙门敬不敬王者"的著名争论以礼敬帝王为结果,《佛说孝子经》中"亲慈子孝"更发展演化为"佛以孝为至道之宗"、"世出世法,皆以孝顺为宗"(《灵峰宗论》)。迄今民间宗教的许多内容也实属儒家学说,如孝顺父母、友爱兄弟、"敬老怀幼"、"正己化人"(《太上感应篇》)等等。证严法师便曾赞赏病人死在有亲属在旁的家中,而不必死在医生、护士等陌生人手里,表现了以亲子为核心的儒学人际关怀,而并非看破尘缘、六亲不认[1]。就拿在小传统众多领域中均流行不辍的阴阳五行观念,亦可溯源于以董仲舒为代表的天人感应的理论系统,更不用说宋、明以来流行在民间世俗中的各种族规、家训、乡约、里范以及《三字经》、《千字文》、《增广贤文》等儒学本身的"教化"作品了。所有这些,显现出

---

[1] 关于儒学思想渗入佛教教义,有许多研究论著。近作如方立天:《佛教伦理中国化的方式与特色》(《哲学研究》,1996年6月);王月清:《中国佛教孝亲观初探》(《南京大学学报》,1996年3月)。关于儒学思想渗入民间宗教礼俗,可参阅朱荣贵:《台湾民间宗教中所呈现的孝道》(李丰楙、朱荣贵主编:《仪式、庙会与社区》)。关于证严法师的谈话,见拙著《论语今读·前言》(《中国文化》,总第八期,1995)。

儒学远不仅是某些思想家们或精英阶层的书籍理论、思辨体系、道德文章，而且它已成为规范整个社会活动和人们行为的准则和指南。并且"百姓日用而不知"，由文化而心理，不仅极大地支配和影响了人们的思想、理解和认识，而且也作用于人们的情感、想象和信仰，构成了内在心理的某种情理结构。正是它，支撑着我所谓以"实用理性"、"乐感文化"为特征的中国人的"一个世界"[①]的人生观和宇宙观。儒学之所以在中国文化中成为主干或处于核心地位，简而言之，我以为主要就在这里。

（乙）日本情况似颇为不同。儒学并非日本文化的主干或核心，其主干或核心是其本土的大和魂或大和精神。"和魂汉材"正如"和魂洋材"一样，儒学只是被吸取作为某种适用的工具，其作用、地位和特征与中国相比较，有极大的差异。

什么是"大和魂"或"大和精神"？简言之，我以为，它是某种原始神道信仰的变换发展和不断伸延。[②]也许由于与四周

---

① 参阅:《初拟儒学深层结构说》。墨子刻等学人所谓"乐观主义认识论"（中）与"悲观主义认识论"（西）的差别，以及批判中国对西方形式主义伦理学缺乏了解等等，其实均根源于"一个世界"（中）与"两个世界"（西）的不同。

② "最初使用大和魂一词是 10 世纪末 11 世纪初。……是指自主的气魄，处世的才能"（范作申:《日本传统文化》，第 31 页，北京，三联书店，1992）。其后许多世纪作为"女性意境"（也许，此时"和魂"应理解为"荒魂"相对而言？），至幕府末期，含义变为"雄武"。明治后"武士道即大和魂"正式流行并占居统治地位。其实，作为贯串古今日本人心魂的是其悠久的神道观念及精神，国学派贺茂真渊（1697—1769）鼓吹《万叶集》的"丈夫风格"、"雄壮之心"的神道，乃"大和魂"的真意实质所在。本文以大和魂即神道精神，本此。

容易隔绝的地理环境（多山的岛国），文明进程较为缓慢，各原始部族对众多神灵和人格神的强大信仰在这里被长久保持下来。《古事记》中描述二神交媾，养育日本，神道观念长久渗透在日本文化和日本人的心理中。天皇崇拜（天皇是现世神，太阳神的直接后裔）是神道主要内容之一。[①]正是在这种本土背景的基础上，为了现实利益的需要，日本极有选择地吸取了中国传来的儒学。

从历史进程来看，圣德太子的《十七条宪法》（西元604年）和大化革新，主要是搬入了当时在世界上颇为先进的唐代的政治社会制度，亦即儒家礼制体系和与之相关的儒家的政治、伦理、道德观念。有如中村正直所说，"中国的道德主义，所谓孔孟之教，儒者之道，即使在我国，从应仁之朝至今，虽盛衰兴废，

---

① "神道"一词最早见于《日本书纪》，"用明天皇……神道"。"惟神我子"注："惟神者，谓随神道，亦自有神道"。日本神道大约有如下特征：一、多神，如"八百万神"等；二、无明确教义或学说，也无系统（包括神的系统）；三、均蕴涵有关生命力的神话和神秘观念，它不断发展变换而有各家各派；四、神人相互依存，未拉开距离，现实功能性甚强；五、它有一定的神器（玉、剑、镜）、场所（神社）和仪典（如四时"祭"）；六、人们对之具有某种对象本身模糊，但主观崇拜情感强烈的敬畏态度；七、"天皇是神"为重要内容，源起甚早，如《万叶集》中"天皇本是神，何物不能改，群树立荒山，化为山上海"等等；八、从而，以天皇为中心的政教合一观念相当明显。吉见幸和说："神道者，王道也。国史者，神书也；我国天皇之道云神道。记其天皇之事实者，国史也，故此国史者，神书也。国史之外有无神书"。（《五部书说辨》，卷二，引自刘梅琴：《山鹿素行》，第136页）北畠亲房："大日本，神国也。天祖始开基，日神长传统，只我国有此事，在异朝无其类，故称神国"（《神皇正统记》，同上书，第138页）。本文作者不识日文，所有日文材料均系转引，特此说明。

因时不一,上从朝廷百官,下至闾巷百姓,几乎是自觉遵守执行,使秩序得到维持"①。在这里,儒学主要作用在于"维持"社会"秩序"的外在"执行"性(如士、农、工、商的等级)。这种政治社会领域内对儒学体制的某些吸取,对日本文化心理深层并无任何重大影响。儒学"天道"的非人格神的特征丝毫没有动摇日本人对原有神道的信仰,"天无二日,民无二王"的中国儒学观念倒可以增强人们对天皇神的崇拜。

中日文化接触之际,正值中土佛教大行、禅宗兴盛之时,恰恰不是儒学,而是佛教传入日本,被上下层广泛接受,影响了文化和心理。在日本,佛教在当时、以后及今日,远比儒学占优势,在大小传统中均如此。"佛教得兼儒教,儒教不得兼佛教。"②"三纲五常之道足以维持天地……但明晓此心,莫若禅。心乃身之主,万事之根也。"③儒学最先本就是通过禅僧而输入而传播的。④日本朱子学的开创者如藤原惺窝(1561—1619)、林罗山(1583—1657),都是由佛转儒。而佛或禅之所以有如此影响和力量,又是因为它们与神道有重要契合点,即某种不

---

① 《明治启蒙思想家全集》,卷三,第326页,引自徐水生:《中国古代哲学与日本近代文化》,第21页。下简称"徐"。

② 禅僧义堂。见和岛芳男:《中世的儒学》,引自王家骅:《儒家思想与日本文化》,第60页(杭州,浙江人民出版社,1990)。下简称"王"。

③ 南村梅轩。王,第60页。

④ 参阅陆坚、王勇主编:《中国典籍在日本的流传与影响》,第16页至25页(杭州,浙江人民出版社,1990)。

可言说的对对象（"神"）的非理性的认同和追求。日本通过佛教和禅宗来接近和接受宋明理学的历史过程，在决定日本儒学的特色上具有重要意义。

鸟瞰地看，在儒学全盛的德川—江户的漫长时期（1603—1867），无论是朱子学派的山崎暗斋（1618—1682）、贝原益轩（1630—1714）、雨森芳洲（1648—1755），阳明学派的中江藤树（1608—1648）、熊泽蕃山（1619—1691）、佐藤一斋（1772—1859），还是古学派的山鹿素行（1622—1685）、伊藤仁斋（1627—1705）、荻生徂徕（1666—1728），以及水户学派等等，尽管各家各派的思想学说大有不同，或重居敬修道（暗斋），或重格物致知（益轩），或讲天地活物（仁斋），或讲礼乐刑政（徂徕），……但重要的是，它们在不同形态上具有非常鲜明的共同特色，这就是神秘主义与经验论（亦即非理性与重实用）的携手同行。这特色既充分表现了，又反过来增强了日本本土固有的基本精神和文化心理，而与中国儒学相区别。

所谓"神秘主义"就是直接或间接地坚持日本本土的神道传统来接受中国儒学，以不同方式将中国儒学与本土神道交会、结合在一起，所谓"神儒一体"是也。在这里，神道是根本，是基础，是源泉；儒学则是枝叶，是辅翼，是表现。有如吉田兼俱（1435—1511）所说：

> 吾日本生种子，震旦现枝叶，天竺开花实。故佛法乃万法之花实，儒教为万法之枝叶，神道为万法的根本。
>
> 天若无神道，则无三光（日、月、星），亦无四时（春、夏、秋、冬）；地若无神道，则无五行，又无万物；人若无神道，则无一命，又无万法。①

这是较早时期。其后则是已经接受了朱子学、阳明学的日本大儒们的观点：

> 本朝神道是王道，王道是儒道，因无差等。神道即理也。心外别无神，别无理。心清明，神之光也。行迹正，神之姿也。政行，神之德也。国治，神之力也。（林罗山）②
>
> 盖神教固是易简之要诀，得其要者一言而尽矣。故虽不待求乎外，然得儒教之辅翼，而其理益明备矣。故谓神

---

① 《唯一神道名法要集》等。引自王守华、卞崇道：《日本哲学史教程》，第132页（济南，山东大学出版社，1989），下简称"王、卞"。吉田还说："神非常神，是先于乾坤之神。道非常道，是作为产乾坤之道。"（《神道由来记》，王、卞，第144至145页）可见神先于、高于儒学的乾坤。此外，江户时代清原枝贤有"神道乃万法之根本，儒为枝叶，佛为花实"（童长义：《神儒交涉》，第14页。下简称"童"）。阳明学派熊泽蕃山也说："神道是根本也，儒教为枝叶，佛法为花实。苟无神道之根本则无儒道之枝叶……"（《三轮物语》，童，第76页）等等。

② 《林罗山文集》。引自宋德宣：《日本文化结构演变论》，第209页（沈阳，辽宁教育出版社，1993）（参王，第76页）、212页，下简称"宋"。尽管林反基督教人格神，将"理"置于上帝之先。这正是因为神道本无超越的至上人格神的缘故。

道无假于儒教而自立，则尚可也；谓儒教无辅翼于神道，则不可也。(贝原益轩) [1]

宇宙中只一理而已，神人与圣人出生的地域虽有东西之别，万里相隔，然道为自然妙契之物，故吾人敬信神道也。(山崎暗斋) [2]

夫天地之神道乃倭汉之所同然。由倭汉春夏秋冬之色无异可知也。我朝之神皇之象，与唐土圣人之言若合符节……天地之神道者，唐土日本无异也。(中江藤树) [3]

天地之神道，无形无象，而为人之性。谓之中夏圣人之道可也，谓之日本神皇之道亦可也。……天照大神御治之时未有文字，以三神器为知仁勇之象，而为天地神祇的御宝，人世政道之极则也。(熊泽蕃山) [4]

朱子学派的雨森芳洲说得最直截了当："神道者三，一曰神玺，仁也；二曰宝剑，武也；三曰镜，明也。……何必言语文章之为哉！或不得已而求其说，则求之孔门文艺之学可也。所

---

[1] 《神儒并行不相悖论》，引自冈田武彦《贝原益轩》，第58页。下简称"冈，《贝》"。

[2] 引自冈田武彦：《山崎暗斋》，第10页。下简称"冈，《山》"。又见第148页，引山崎：《垂加草·洪范全书序》。

[3] 《藤树先生全集》，第232页。童，第93页。

[4] 《三轮物语》。童，第94至95页。

谓三器者，本经也；邹鲁所述者，我注也。"①

如此等等。只是因为"未有文字"，才需儒学。"日本的神道乃不言之教，无书也。"②（贝原益轩）"天地不言，而神代亦未有文字。"③（中江藤树）必须依借儒学才能彰明神道，保持和增强神道的生命。神道主要"教义"既在对众多神灵特别是天皇（现御神）的宗教性的敬畏崇拜，因之中国儒学中非人格神的天道论包括阴阳五行说（汉儒），和非人格神的本体论如天理人欲论（宋明理学），就并没有为日本儒学所真正重视和接受。日本对这些具有一定理论系统和思辨特征的理性化的意识形态并无兴趣。日本儒者多"性恶高远微妙之言"。④贝原益轩便认为：

---

① 《橘窗茶话》。童，第 76 页。当然，所有这些，只是就其主流形态而言，并不排斥也有坚决分离神道与儒学，或者直接反对和驳斥神道的日本儒者。如佐藤直方："宇宙之间，一理而已，固不容有二道矣。儒道正则神道邪，神道正则儒道邪（……）岂有两从之理？"如三宅尚斋："尚斋先生教授生徒，禁学神道。"甚至背离天皇神圣观念，赞成汤武革命："我邦神者曰：皇统绵绵，万万岁不变……斯知，变革，天地之常，自不得不变革矣。"（以上引文均见海老田辉巳：《三宅尚斋》，第 59、63、64 页）如著名的室鸠巢（1658—1734）反神道，赞同放伐暴君；伊藤仁斋也赞同孟子的汤武放伐论（《孟子大义》），批判宋儒说放伐非"道"乃"权"是错误的，等等。这些思想主要站在幕府利益上反对皇权，它们没有成为主流而被淹没下去了。有如近代福泽谕吉所概括：日本"自古以来不论什么样的乱臣贼子，并没有直接窥伺天子王位的人"（《劝学篇》第 106 页，北京，商务印书馆，1996）。即使坚决排斥神道的三宅也将儒学宗教化，大讲"鬼神情状"，恰恰背离中国儒学基本精神，又仍然是神道特色的显现。
② 《神祇训》。冈，《贝》，第 60 至 61 页。
③ 童，第 93 页。
④ 描述伊藤仁斋语。童，第 130 页。

宋儒之学，以太极无极为致知之先务，以静坐澄心为力行之先务，以支离破碎为学之先务，是乃高远艰深，细末无用之事，以难知难行无用不急者为先，与圣门之所立教，以孝悌忠信为先务者，异矣。①

朱子学派如此，阳明学派更然：

日本之阳明学，反乎支那阳明学派……富于实践性。偶然有微妙幽玄之理谕论，虽亦研究之，但未窥奥忽转而顾及实行如何。其不得实行者，则不取之。②

反宋明理学的古学派当然更如此了：

① 《大疑录》。童，第 127 页。日本儒学重视的不是程、朱、陆、王或《宋元学案》、《明儒学案》中的那些以讲义理出名的理学家，而侧重于有实践作为和行动品格的人物，如"浅见纲斋在所著《靖献遗言》中所列举的中国文士模范：屈原、诸葛孔明、陶渊明、颜真卿、文天祥、谢枋得、刘因、方孝孺等人，都是实践派忠臣烈士。这本书在幕府末期广为日本志士所爱读。"（林景渊：《武士道与日本传统精神》，第 177 页）

② 高濑武次郎：《日本的阳明学》。童，第 38 页。日本人不喜理论思辨也表现在语言上："日本没有产生相当于'自然'一词的日语。并且日本人没有去设想某种抽象的、普遍的、形而上学的实体的存在，而是与一个个的自然物结成个别主义式的关系，……日本人的祖先形成了泛神论的宗教观，抱着一棵树一叶草都宿居着神灵的神灵观"。（源了圆：《日本文化与日本人性格的形成》，第 56 页，中译本，北京出版社，1992。下简称"源"）"日语的表现形式更适于表达感情的、情绪的细微差别，而不那么适于表达逻辑的正确性。""用来表示能动的、思维的、理智的和推理作用的语汇却非常贫乏……差不多还没有形成抽象名词"。（中村元、王家骅《儒家思想与日本现的代化》，第 262 页，杭州，浙江人民出版社，1995）

　　宋儒以为，以一理字可以尽天下之事。殊不知天下虽理外无物，然不可以一理字断天下之事。古分之终始不可得而究，四穷之穷际不可得而知，虽近取身，远取诸物，凡其形状性情之所以然之故，皆不可得而穷话也。（伊藤仁斋）

　　夫天者，不可知者也，且圣人畏天，故曰止知命，曰知我者其惟天乎，未尝云知天，敬之至也。后世之学者，逞私智……任臆言之，遂有天即理也之说……岂非不敬之甚邪。（荻生徂徕）[1]

　　这正是以天不可知、理不足情的原神道的神秘主义来反对宋明理学的形而上学和思辨理性。其实日本的各派大儒包括朱子学的山崎暗斋、阳明学的中村藤树等人都在不同程度上具有这种否定理性思辨以敬畏神明的本土特色。可见日本儒学所排拒的是中国儒学的理论思辨的理性系统，而吸取和发挥的是中国儒学中具有实用价值和社会性内容突出的方面。他们一致强调的是"实学"。比起中国儒学、特别是宋明理学来，他们更注重实践、行为、活动，他们重"气"、重"物"、重"行"、重"欲"，

[1]　引自丸山真男：《日本政治思想史研究》中译本，第42页、63页。

具有明显的经验论特色，却并不是理论上的唯物论。他们大讲

"孝悌忠信"，鄙薄心性思辨，主张"理气一体"、"只此一气"（贝

原益轩），① "良知"是"气"（佐藤一斋），"身"重于"心"（山

崎暗斋）②，"去人欲非人"（山鹿素行），"苟有礼义裁之，情

即是道，欲即是义，何恶之有？"（伊藤仁斋）等等。他们一方

面把宋儒的"居敬"、"慎独"化为敬畏神明的神秘体验和感受，

所谓"理"、"心"都不过是神的展现或居所；另方面把儒学

尽量落实在社会制度和行为秩序上，重视它的实用性能。例

如，中国儒学所强调的尊卑秩序，在日本一经接受便严厉执

行，保持长久，至今仍在日本社会中起着功能性、操作性极

---

① 如"理是气之理，理气不可分为二物。且无先后，无离合，故愚以为理气决是一物。朱子
以理气为二物，是所以吾昏愚迷而未能依服也"。（《大疑集》，卷上，引自李延平：《圣人
与武士》，第50页，北京，中国人民大学出版社，1992，下简称"李"）"故知天地之间
只是此一元气而已矣。可见非有理而后生斯气，所谓理者，反只是气中要理而已。……
大凡宋儒所谓有理而后有气，及未有天地之先毕竟先有此理等说，皆臆度之见，而画蛇
添足，头上安头，非实见得者也"（《语孟字义》，卷上，引自严绍璗、源了圆：《中日文
化交流史大系·思想卷》，第210页，杭州，浙江人民出版社，1996。下简称"严、源"）。
山鹿素行也说："上天无形象，唯一气而已"，伊藤仁斋否认"本然之性"强调"气质之性"
等等。

② 如暗斋著名的"敬内义外"说。他强调"内"乃"身"（行为、活动）而非"心"，"外"
乃家国、天下，而非"身"，以致引起其学生们的异议，认为他背离了朱子原意（"敬"
是内心状态，"义"是对外行为，均个体道德修养）。（冈，《山》，第53至70页）
伊藤仁斋也说："晦庵曰：德者得也，行道而有得于心也。此语本出于《礼记》，但《礼
记》作有得于身。晦庵改身而作心字……"（《语孟字义》，卷下。童，第131页）
等等。

强的特点。①而对外在规范的严厉执行，却成为神道实现自身的显著特征，它呈现在日本文化各领域中。

　　日本儒学之所以能迅速地接受和开拓儒学中经验论的实用方面，正在于它没有中国儒学的理性主义原则的束缚。中国虽然也讲求"经"与"权"即原则性与灵活性（亦即变异性）的结合，但由于中国儒学所已建立起来的理性主义的"人文天道观"的理论框架，包括上述阴阳五行说和天理人欲论，和这种天道观规范下的社会政治的世俗框架（"大经大法"的礼法制度），已被认为是普遍必然的客观理则，支配着人们的行为观念、思维方式、情感态度，从而便极大地限制和约束着经验论的自由开展。董仲舒说："权虽反经，亦必在可以然之域。不在可以然之域，故虽死亡，终弗为也。"②朱熹说："论权而全离乎经，则不是"，"权只是经之变"。③即是说，"权"有"可以然之域"的限制，不能脱离"经"来讲"权"，不能越出礼制经法的框架范围来讲变异和灵活。也就是说，以阴阳五行和天理人欲为框架的中国儒学，其理性主义的原则性（经）非常强大，构成了

①　中根千枝："脱离了等级观念，日本社会生活便会无章可循，因为等级就是日本社会生活规范。"（《日本社会》，第 51 页，天津人民出版社，1982）

②　董仲舒：《春秋繁露·玉英》。

③　《朱子语类》，卷 37。朱熹反复讲解"经"是常，"权"只是"暂行的"、"不得已"，但仍须合乎"经"的变通，以纠正对伊川所说"权即是经"造成的误解。包括王夫之也说："变而不失其经之谓权。"总之，在中国儒学，"经"绝对高于"权"。

某种伦理原则和准宗教信念，其灵活性、适应性、实用性比之倡导"权外无道"①（中江藤树）的日本儒学要远为局促狭窄。日本基本上既并未接受中国儒学的理性化的天道观或天理观②，而神道本身又无系统的世俗教义和礼法体制，因此，重视实用效能的儒学经验论方面与充满神秘主义的原神道信仰便不但无须划清界限，而且还可以自觉地交融混合，携手同行。它以"神之御心乃以诚为主，发为清净正直之道"的神道精神与"学儒者顺其道而不泥其法，择其礼之宜于本邦者行之，不宜者而置之一行，然则神儒并行而不相悖，不亦善乎"③的实用经验论相结合，更为自由地发展为一种多元而开放的"有用即真理"的立场：可以采新弃旧，也可以新旧并存；可以坚持到底，也可

① 《中江先生全集》，第一卷，第137页，引自王，第205页。虽然中江也说"道外无权"，但正如王家骅所指出："权外无道则把中国儒学者未予充分关注的权提高与道同体的地位。"（同上页）即"道外无权"乃中日儒学所共通，"权外无道"为日本儒学所突出。

② 例如对应中国的五行说，山崎暗斋也有"土生金"说。但它恰好可作为将中国儒学的五行予以神道化的例证：其诗曰："理气疑来一寸心，寸心敬守莫相侵。莫相侵去人神道，神道家源在土金。"（《参宫三绝》，宋，第162页）"吾神道之宗家在土金。""若以火生土、土生金之说亦来自中土，则不可也。此为日本神代之道，非关儒书之说也。""土金二者贯通神道的始终，为神道之妙诀，人们最初所感受者也。"（《日本纪·神代卷讲著》，冈，《山》，第147、149页）"暗斋主张神为天地之心，人为天地之神物，故天人合一，其道之要旨在土金之敬。"（冈，《山》，第150页）这不是中国理性化的天道五行图式，而是非理性的神秘信仰（神＝敬＝土金）。此外，如山崎以及其后一些日本儒者的"智藏说"，也是将朱熹的"智藏"进一步神秘化、本体化，大讲"仁智交会之处有生化万物之心"，"知藏，无有形迹。识此，始得论道体论鬼神"等等。"智"在此也不是"是非之心"的理性，而是某种神秘的非理性（参阅冈，《山》，第121至136页）。

③ 贝原益轩：《神祇训》，见《神儒并行不相悖论》，童，第81页。

以一百八十度的转弯；……只要忠于君、神，符合现实利益，便无可无不可，不必有思想情感上的争论和障碍。荻生徂徕说："风云雷雨，天地之妙用，为人智之所不及，理学者（指宋明理学）所说，仅恃阴阳五行等名目，附以义理而已，知此亦非真知之也……神妙不测之天地之上,本不能知,故雷即谓之雷,可也。"[1]这种否定阴阳五行的理性框架，只肯定感觉经验的态度，正是后日比中国能更无阻碍接受西方自然科学的张本。日本就这样以"和魂汉材"和以后的"和魂洋材"成功地开辟了自己的道路。

由于强调儒学与神道在根本上的合一（"神儒一体"），反对理性思辨，推崇神秘崇拜，因之，由儒学各派一转而产生反儒反佛、要求回归本土的贺茂真渊、本居宣长等人倡导的"国学"，也就相当自然了。例如，接着荻生徂徕，本居宣长说："火仅热，水仅寒，此热此寒因何理而然，事甚难测。为欲强不知以为知，乃设所谓阴阳，又于其里面设所谓太极……是皆汉国圣人之妄作也。"也是反对中国儒学的太极阴阳的理性系统。本居宣长强调说："欲寻求如何谓之道，既非天地自具之道（注记曰：对此须善加辨别，未可与彼汉国之老庄等视为一谈），亦非人所制作之道（引者：指儒学所言'圣人之道'）。盖此道乃来自可敬畏之高御产巢日神之圣灵、神祖伊邪那岐大神、伊邪那美大神，

---

[1] 《答问书上》，丸，第 146 页。

始授天照大御神传赐而来之道。"①"我皇国之神道，从皇祖的神开始传下来的，叫做道，在这意味是和汉籍的道绝不相同。"②儒学在这里被明确贬斥。**本居宣长最充分体现了日本精神**，影响极大。所以，总起来看，儒学在日本并不构成其文化心理的主干或核心，其地位和作用与在中国并不相同，而中、日儒学由此亦迥然有异。

二

中、日文化和中、日儒学的不同，明显地在"忠"、"孝"问题上表现出来。

中国儒学建立在氏族社会的血缘根基之上。日本和中国一样，也是从原始氏族部落进入文明社会。但在中国，由于文明成熟在新石器时期，而且这时期延续极久，原始氏族的血缘纽带形成了极为强大的构造传统，它支配着、影响着整个社会。在日本，这种血缘关系作为社会构造的纽带，似乎没有这么强大。

---

① 丸，第146页；李，第146页。

② 《玉厘》。引自宋德宣、陈弨：《中日思维方式演变比较研究》，第603页（沈阳，沈阳出版社，1991）。本居一贯强调日本的"道"乃神道，而非中国儒学之道。但本居又说："非以儒治则难治者，应以儒治之；非佛则不能处者，应以佛处之；是皆其时之神道也。"（《铃屋答问录》。王，第162页）足见本居提倡神道，又并不排斥儒学作为经验论的实用价值。这正是神道加经验论的日本精神。

例如，在日本，从古至今，经常可以看到由无血缘关系的养子来继承家业，保持门户。在中国，非血缘的继承多属例外性质，普遍遵循的规则是由或亲或疏（并且必须是由亲到疏）的同姓血缘家属来继承，认为这样来维系、存留、延续财产、权力、事业、姓氏，才能"保家门于不坠"。中国以血缘为纽带，构成了庞大而扩展的放射性的社会关系网络。[①]这一传统与日本主要并不以血缘而是以行业、集团、地缘"村组"来维系和延续名义上的家族和社会关系，颇不相同。中国更重以血缘为基础的实质的"家"，日本更重以主从为基础的名分的"家"：一多亲族间广泛而自然的纵横联系，一重集团内人为而严格的等级秩序。

　　正因为非常重视血缘，在中国，"孝"是"忠"的基础。《论语》全书的第二章便是"其为人也孝悌，而好犯上者，鲜矣。不好犯上而好作乱者，未之有也"。汉代有"求忠臣于孝子之门"的提法。在这里，"孝"是关键和根本，为政府所提倡（"举孝廉"

---

① 儒学以氏族血缘为基础，参阅：《中国古代思想史论》（北京，人民出版社，1985）。中国的"孝"（父子）常与"悌"（兄弟）并称，一纵一横。日本德川时代起由长子继承全部家产，中国家庭则遵行"封建"，虽不平均或不平等，但人可得一财产，这其实是维系血缘亲情的现实基础。"悌"在构造、维系横向社会网络上，从远古氏族到后代宗族，如汉代《孝经》所谓"教民礼顺，莫善于悌"等等，是非常重要的。此外如丧祭五服、亲朋戚友也都是继承氏族社会以婚姻、血缘为骨干来构成人际关系和社会秩序的传统。而"朋友"一伦也有近似于兄弟处。所谓"情同手足"、"结拜兄弟"均是也。日本少此，纵系关系主宰了一切。在中国，横系关系的兄弟、朋友、姻亲戚属等均有牵制，制约纵系关系的功能。

制度），为社会所崇尚。但中国儒学这一重要根基在日本则并不坚固。在日本，"忠"比"孝"更关键，更为根本。古代日本武士们拼性命，舍头颅，效忠于主人，"把生命看作臣事主君的手段"[①]，"忠"本身就是生活目标和道德职责，具有最根本的价值和意义，被认作是人生归宿之所在，而与孝亲可以无关。甚至今天还可以看到一个普通职员为公司或企业的利益献身自杀，而不顾及自己的父母妻儿的现象。这在日本文化心理感觉是相当自然的事情，在中国便很难理解或做到。尽管中国儒学早也有"大义灭亲"、"忠孝不两全"之类的教导，但从原典起，中国儒学更多讲"孝"，甚至有舜可以舍天下而背负犯罪父亲潜逃的故事（《孟子》）。至今，家庭观念之浓厚，仍是海内外中国人特色之一。

　　即便言"孝"，中国和日本也有某种差异。中国儒学的"孝"突出标明的是父子关系：所谓"父慈子孝"，所谓"养不教，父之过"等等。父子关系是家庭、家族以至社会的主轴，"有父子而后有君臣"（《周易》），"父子有亲而后君臣有正"（《礼记》），"迩之事父，远之事君"（《论语》）。君臣关系的"忠"是从父子关系的"孝"相比拟、类推而产生的。母子关系则一般处于附属地位。相对说来，在日本的家庭关系中，母子之间的自然情

---

① 新渡户稻造：《武士道》中译本，第 57 页（北京，商务印书馆，1993。下简称"新"）。

感联系有更为明显的展露。①本来，作为生物族类，母亲都宠爱子女，子女在幼小时对母亲也有强烈的自然依恋和依赖的感情。这种母子之爱有来自生理的本能根源。比起母子关系来，父子之间的自然情感纽带要薄弱得多。父子之间在古代基本上是一种主宰、支配、管辖，即社会性功能极强的关系。中国传统家庭一贯反对"娇惯"子女（多是母子关系，所谓"慈母有败子"），强调"家教"（其实是"父教"，即前述的"养不教，父之过"），遵循和反映的正是这种状况和"理则"。

当然，并不是说，父子之间没有爱的自然情感。这里只想说明，中国儒学把这种自然的爱（也包括母子的爱）塑造转换成一种非常社会化的理性情感，即把自然情感纳入特定社会所要求的"合理性"的规范法则之中，追求它们的交融统一。中国儒学讲求的"慈"、"孝"，是父母必须具有某种权威地位和道德责任来养育、规范和教导自己的子女，子女则必须服从、接受这种管辖、规范和教导，并终身供养、敬重父母来作为回报。这里的情感关系就远不只是父母与子女之间的爱的自然情感，而是为了维系整个家庭、家族以至社会的一种理性化了的要求。

---

① 在日本传统中，相对说来，妻子有更多的独立性和更大的财产支配权。与中国重男轻女相比，日本有重女轻男的一面，也更娇惯幼小儿童，更重视其心性的自然成长。"小儿之好游戏，常情也。若于道无害，不可强迫压抑而屈其气。"（《和俗童子训》。源，第152页。当然，这不排除武士道传统对年岁较大儿童的严厉教育。）日本学者认为："构成日本社会的原理基本上可以说是一种母性原理。"（源，第143页）

也就是说，在爱的亲情中，已经渗入和融合了强大的社会所要求的"合理性"。并且，以这种情感理性化的父子关系为轴心，扩而充之，通过从远古的"礼乐教化"到后来的"家规"、"族训"，以"三纲五伦"为准则，把人的各种自然性的情感欲望（包括以夫妇一伦来概括的男女性爱关系），与社会要求的"合理性"紧相联系，使情感里面注入、渗透或交融着理性，亦即将**情感本身规范化和理性化**，从而极大地减弱了或脱离开具有种种强大本能力量和盲目性的自然情欲或原始动力。所谓"文化心理结构"，归根究底，本就是指在文化传统长期塑造下的人们心理中情理结构的特定状态，它主要为表现自然情欲和社会理性的不同比例、配置和关系的组合。①由于儒学的这种作用，情感被高度地，甚至过度地"合理化"：自然情欲、兽性冲动、本能要求等原始力量被长期规范、控制、消融在强大的礼乐教化即社会理性之下。当然，如弗洛伊德所指出，任何文明均有此特点。但重要的是，中国不仅在这一方面通过家庭以父子关系为核心而异常突出，而且它还有与此紧相联系的另一方面。

如我在《中国古代思想史论》一书中所指出，在中国，也是儒学的缘故，理性并不被认作具有独立自足的价值和意义，它反而以情感为最后依据。孔子对宰我说明"三年之丧"时，

----

① 本文所谓"情理结构"等等，只是某种哲学的抽象视角，并未提出具体的结构图式，不是心理学或社会学的实证研究。

其最终依据是心理情感上的"安"或"不安",而不是别的什么。不是因为必须服从某种外在的规定、制度、上帝或先验的至上命令等"理则",而只是如果你不孝敬父母,便会觉得对不起父母而良心不安。孟子用看见孺子将入井和为何葬亲等例证,来解说"人性善"和"恻隐之心",也是如此。可见,对中国儒学来说,所有外在的理性规范、命令要求,一切礼制体系,最终还必须建立在这种内在情感的需要或原因之上。"理性"在中国没有至上的位置,它也就没能成为一种真正独立的力量或工具(所以纯粹思辨和形式逻辑都不发达),而总与情感以及其他心理机制和形式如直观、灵感、感受等密切交融在一起。理性的价值、意义和作用也被认为只在于直接服务于日常现实生活和处理世俗人间事务。甚至在法律案件的理性裁判中,可以看到所谓"理无可恕,情有可原"之类的说法。理性总是制约、纠缠、联系在情感之中。所以,一方面,要求自然情感理性化、合理化、社会化;另方面,理性自身又并非本体存在,它不能脱离现实情感,去作独立的追求。将情感与理性在本源上相连结,追求其交融统一,构成了中国儒学和实用理性的基本特征。

日本不同。日本人比中国人不仅对理性、思辨、推理等更加缺少兴趣和能力,而且重要的是,其情感受理性的规范、渗透、交融,或者说其理性化特别是合理化的情况、程度,即其情理结构的状态,与中国有相当大的差异。它保留着更多的自然情欲、本能动力的原始状态和非理性的因素。一些日本文化的研究指出，日本精神或者日本文化中常常可以看到矛盾的两个方面：一方面是坚持传统，固执保守，相信命运；另方面又讲求功利，适应现实，好奇进取。一方面是彬彬有礼，循规蹈矩，顺从胆小，随波逐流，文雅爱美，极端的自我克制和压抑，这是他律强制，即外在的理性约束；另方面又是野蛮无礼，凶残冷酷，好斗嗜杀，极端的自我放纵和发泄，这是情欲冲动和内在非理性的展露。这种突出的双重性格，在今天的日本人的日常生活中，也仍可看到。学者们描述了这种现象。①但为什么会这样？我以为，这正是由于日本传统文化积淀所造成的内心情理结构的表现。

从这里回观中、日儒学，便可看出：在中国，原始文化中那许许多多神秘的、非理性的因素，早在先秦便被包括儒学在内的各家所解构、破除和排斥，以至神话都极少流传下来。孔子删诗、书，订礼、乐，对"黄帝活三百年"、"黄帝四面"、"夔一足"等理性化的政治诠释②，极大地加强了以周公为代表的

---

① 参看 Ruth Benedict、江上波夫等人论著。尽管日本有人反对，但我愿接受此说。

② "宰我问于孔子曰：'……黄帝者，人邪，抑非人邪？何以至于三百年乎？'孔子曰：'……民得利百年，死而民畏其神百年，亡而民用其教百年，故曰三百年。'"（《大戴礼·五帝德》）"子贡曰：'古者黄帝四面，信乎？'孔子曰：'黄帝取合己者四人，使治四方，不计而耦，不约而成，此之谓四面。'"（《太平御览》，卷七九，引《尸子》）"哀公问于孔子曰：'吾闻夔一足，信乎？'曰：'夔，人也。何故一足？彼其无他异，而独通于声。尧曰：夔，一而已足。使为乐正。故君子曰：夔有一，足；非一足也。'"（《韩非子·外储说左下》，又见《吕氏春秋》等）

巫术理性化的过程①。中国日渐成为所谓"礼义之邦"，其意义不仅在于"礼义"成为人们行为、活动的外在标准，而且更在于它们也成了人们内在心性的规则。宋明理学"存天理灭人欲"的心性探求，以理论形态更突出表现了这一特点。总之，在中国儒学，不管是朱子学或阳明学，都是"仁"重于"礼"，对内在心性的主动塑造和追求远重于对外在规范的严格遵循和顺应。在这里，内在心性的全面理性化和合理化已将自然情欲和各种非理性的原始冲动和神秘感觉压缩到了极度。②

日本则不然。日本不仅保存了许多神话，神道观念也始终浓厚；而且，如前所述，它虽然输入了朱子学和阳明学，但其神道与经验论结合所致力的是外在理性的建立，即对行为规范、姿态仪容等礼文细节的坚决确立和严厉执行，而并未去着重内在心性的塑造，特别是没有致力于各种意念、情欲具体的理性化和"合理化"即道德化。古学派的太宰春台（1680—1749）曾明确说道：

---

① 详另文。我以为这是中国"一个世界"、"实用理性"和"乐感文化"的历史根源所在。

② 宋明理学中的"孔颜乐处"、"喜怒哀乐之未发"、"不睹不闻"、"无善无恶"等，也涉及近乎宗教的神秘经验、神秘境界，但那不是"自然情欲和各种非理性的原始冲动和神秘感觉"。宋明理学对这种境界的讲求，起了促进日本儒学复归本土神道的媒孽作用。此外，前者只局限在极少数士大夫之中，后者则可以成为"群众性"的"迷狂"心理。中国文化和心理中也有一些神秘主义的东西，神秘性或神秘主义有多种形态及不同特质，暂不细论。

　　凡圣人之教，论人心底的善恶，决无其事。……守先王之礼，处事用先王之义，外具君子之仪容者，是即为君子，并不问其内心如何也。

　　夫圣人之道，心中虽起恶念，尚能持守礼法，使其恶念不滋，身弗行不善，亦即谓之君子。故虽萌恶念于心中，亦不以之为罪……①

　　这与中国儒学特别是宋明理学极端强调内在心性修养（成德之教）相比较，其差别至为明显。

　　于是，可以回到"忠"、"孝"问题上来了。武内义雄（1866—1966）说：

　　我国吸取了二千多年前的中国文化，受到儒教的影响。但我们的祖先并不是囫囵吞枣，而常常是批判吸取，形成了我国独特的发展。首先在五经为中心的吸取时代，从《春秋》三传中排斥《公羊传》《谷梁传》，仅肯定《左传》，抛弃包含在中国儒教的革命思想，使其和我国国体一致。其次，即使是新儒教，在中国，朱子学和阳明学或者程朱学、陆王学始终是相争反目的，但传入我国之后，双方都已日本化，

---

① 《圣学问答·辨道书》。丸，第195页。

结果同化为一种精神，发展为忠孝一本、至诚本位的国民
道德。忠孝一本的思想主要是从朱子学展开的，至诚之道
主要是由阳明学发展的，结果由于将忠孝两方面归为一种
诚之道,忠孝便合为一本。同时诚之道开始含有具体的内容，
这就表现为日本儒教的特色。如果将日本和中国的道德思
想进行比较的话，二者在极力主张以家族制度作背景的道
德五伦这点上，是完全一致的。然而相对于中国的五伦以
家庭本位重孝，日本的五伦不同的是用国家主义来提倡忠
孝一致，忠比孝更处其正，这种区别的根据在于两国的国
情不同。①

　　什么不同的"国情"呢? 多山岛国艰苦的稻作、渔猎均有
赖于由历史形成的特定集团成员之间的协同合作，"忠"于该集
团、行业、地域及其首领就比家庭的"孝"更为生存、生活的
必要条件。这大概是其物质方面的传统"国情"（这一社会根源
极为重要，但不在本文范围）。与此相连，其意识形态和文化心
理上的神道信仰也是重要"国情"。在中国，不但返"礼"归"仁"，
以"孝亲"为本的"仁"高于"忠"，而且同样突出的是"仁"
中有"知"。"仁"乃"全德"（朱子），但"仁者可欺也，不可

---

① 《武内义雄全集》，第四卷，徐，第6页。

罔也"(《论语》），"仁"不只是一颗爱心而已，"仁"中仍大有理性在。孔子常"仁"、"智"并提，孟子则"仁"、"义"并举，而且把与"智"密切相关的"是非之心"列为"人性善"的"四端"之一。荀子有"从道不从君，从义不从父"的明确说法。《孝经》要求"父有争子"，"故当不义，子不可不争于父"等等。可见，即便是"仁"——"孝"的情感，也仍然有"是非"的"智"、"义"或"道"的理性原则贯注其中。它注重的仍然是情感与理性的交融和统一。至于由"孝"提升的"忠"，则更有其理性的条件和制限，重视"君臣以义合"，"君使臣以礼，臣事君以忠"(《论语》)，"君之视臣如手足，则臣视君如腹心；君之视臣如犬马，则臣视君如国人；君之视臣如土芥，则臣视君如寇仇。"(《孟子》)所以才有汤武革命"顺乎天而应乎人"(《周易》)的观念。沿此线索，汉代公羊学讲"禅让"、"明三统"等等，更是以循环天道观的理论形态来表述的儒学外王论，它虽是某种信仰，却依然是理性主义的。中国民间也向来反对所谓"愚忠愚孝"，总注意要"讲出一个道理"来。日本则完全不同。日本的"忠"作为神道观的主要内容之一，是一种神秘性甚强、要求彻底献身的非理性的情感态度和行为准则，它高于世间人事的是非标准和理性了解。"忠诚的意义在中国和日本也不相同……孔子所说的'臣事君以忠'，在中国被解释成臣子必须以一种不违反自己良心的真诚去侍奉君主；而日本则把此话解释为'家臣必须为

自己的君主奉献出全部生命'。"①天皇被认作（实际上是信仰为）
"肉身神圣"，因此，本也来自中国的"君即使不君，臣亦不可
不臣"（孔安国《古文孝经序》）这句话，在日本便诠释成绝对的、
无条件的天经地义。所以日本大儒山崎暗斋、浅见纲斋等都要
著文驳斥孟子的放伐论，斥责汤、武为"杀王的大罪人"。这都
是因为"忠"在日本根本上与神明相连，它指向的是超越是非
善恶的最高存在，不可能是理性研讨、了解的对象，绝对服从
便成了唯一准则。从古代武士道为藩主战斗，但问输赢、不论
是非，只讲"恩义"、唯"忠"是尚，到二次大战全体军民为天
皇誓死血战，不惜"一亿玉碎"，而天皇一声令下，也可立刻投降，
绝对执行。这种在日本是无可置疑的态度，在中国可能被看作
是不问是非曲直的非理性"愚忠"。而中国人所赞赏的不出仕的
隐士则可能为日本人视为不忠。②总之，中国的"忠"来自对
人的诚挚（"为人谋而不忠乎"），从而是有条件的、相当理性的；
日本的"忠"来自对神的服从，从而是无条件的、相当非理性的。

中国伦常所塑造的理性化的情感，其中由于具有理性化的
相对性和条件性（如前引的"君使臣以礼，臣事君以忠"，"父
慈子孝"，"兄友弟恭"等），因此也就赋予个体有更多的选择权、

① 森岛通夫：《日本为什么会成功》，李，第26页。
② 中国儒学自孔子始便欣赏退隐。足置帝腹的严子陵、写《陈情表》的李密等，向被中国儒家赞赏，而日本大儒则视之为不忠。日本也讲隐居，有让位、分财等内容，含意不同于中国。

自主权和独立性。包括孔子被问及"三年之丧"时，不也对宰我说"汝安则为之"吗？这即是允许个体有自主权力，要求个体经过理性思考，做出自己的判断、选择和决定。尽管这判断仍以情感（亲子之情）为基础，但它重视的是通由自己的理性所做出的情感态度和行为，而不是非理性的情感顺应和盲目服从。

中国的五伦关系以"孝亲"为核心，日本的社会秩序以"忠君（神）"为基础，前者的对象、范围及关系常非常具体、世俗、有限和相对自由，后者则更为抽象、超越、无限和非常严格。与此相应，日本非血缘性的等级、集团所构成的利益关系及其"恩报"所具有集中、专一和极端严峻性①，与中国血缘性的家庭、亲族的利益和关系及其"爱有差等，由亲及疏"所具有的一定松散性、相对自由性，包括"帝力于我何有哉"、"何必长剑挂颐事玉阶"等对"君恩"或"忠君"的偏离，是颇为不同的。

前面讲过，日本也讲"孝"。有意思的是，中国虽说"孝"是天经地义，却并未将它本体化，"孝"仍然停留、执着在自然亲情关系中。日本儒学则将"孝"扩大化、本体化，强调的是孝神、孝君、孝天。如朱子学派的贝原益轩说：

---

① 在日本，长久脱离团体的游子返乡甚至可能被视为"陌生人"，难得有"亲情"、"乡情"的温暖，这与中国颇为不同。

断一树，杀一兽，不以其时，非孝也，是谓事天不孝也。可见仁、孝一理，故曰：仁人之事亲也，如事天，事天如事亲。是故孝子成身，是行仁者。所以事天地而为孝也。①

这里，"孝"不但与血缘纽带的自然情感分离；而且，其关系是：首先是"事亲如事天"，"天"比"亲"更基本、更首要。这与同是朱子学派的佐藤直方所说"以天地为亲生父母，以出身父母为与天地之继"②同一逻辑，也是"天"在父母之先、之上。

阳明学派也如此。特别是中江藤树将"孝"普泛化，并将之提升到最高位置，成为贯串天、人、万物的"本体"：

在天地孕育之前，孝即为天之神圣之道。不仅天、地、人，且一切创造物皆由孝生。春与夏，秋与冬，雪、雨与露，亦均由孝所育。仁、义、礼及知皆为孝之原理。孝如魂灵在人而存于宇宙间，它无始无终，无孝即无时间，任何生物皆不存。整个宇宙不存在无孝之物。

① 《慎思录》，《益轩全集》卷二。冈，《贝》，第115页。
② 《西铭讲义》。严、源，第231页。这若与中国儒学所讲"父母即乾坤，乾坤大而父母亦不小"（王夫之：《读四书大全说》，卷八）等相比，人文精神之差异分明。

父母祖先肉体也是从天地之灵分出的……因而自己的肉体与宇宙及神为一体。明晰地理解这一真理，按此行动，即为从于此道。①

在这里，"孝"也脱开亲子爱这一真实的人世根源，失去了中国实用理性所要求的合理性和相对性，而具有神秘的本源意义，从而与"忠"合为一体。人间的自然情感被代之以对神的敬畏情感，忠于天皇、集团的非理性的"恩报"之情，远高于和重于血缘伦常的理性亲情。古学派山鹿素行在规定武士道德时便说："得主人而尽奉公之忠，交朋辈，厚信，独慎身，专在于义。而己身之父子兄弟夫妇乃不得已交接也。"②在这里，对主君的"忠"、朋友的"义"便重于家庭成员的亲情。所以与中国由"孝"到"忠"的途径恰好相反，这里是由"忠"到"孝"，由"忠君（神）"到"孝亲"。实际上，似乎可以说：这是本土的"忠"于主君、神明的行动赤诚，以儒学的"孝亲"及各种伦理范畴如礼义、诚勇、勤俭、廉洁等为语言、为法则，借以规范成形，来展示、来发展。也就是说，本土神道武士道的心魂早已深入渗透在所接受的儒学之中，主宰着它的发展方向，

---

① 引自贝拉（Robert Bellah）《德川宗教》中译本，第 87 页。下简称"贝拉"。
② 《山鹿语类》。引自依田熹家：《日中两国近代化比较研究》中译本，第 194 页（北京，北京大学出版社，1991）。

形成了日本儒学的基本特征。这也就是前述武内义雄讲的符合日本国情的日本儒学"忠孝一本"的"诚之道"。因之，日本儒学的"诚"是与"忠"于神的敬畏紧相联系的神秘情感，与中国儒学以"孝亲"为本推而广之的"仁"的人文情感有所不同。

许多日本学人都论及中国重"孝"、日本重"忠"的区别，[①]本文不过将此问题提到文化心理和情理结构角度予以审视罢了。

中国时贤则多喜论中日文化、中日儒学之同,本文颇重其异。盖不明异，则不足以明世界文化因多元而需互补之重要。"声一无听，物一无文"，"和实生物，同则不继"。孔子曰："君子和而不同。"此于个体修养、于文化发展、均何莫不然?！

三

试以生死观来展开上述命题。

"死生亦大矣，岂不痛哉！"各种文化、宗教、哲学恐怕都会在生死问题上展现其本来面目,而值得仔细推敲。我想以"重生安死"与"惜生崇死"[②]来描述中、日在生死观上的差异。

---

① 论著甚多，西学造诣甚深的丸山真男也如此认为。他在 1989 年 3 月 20 日与我交谈时强调提出了这点。他说他游北京故宫时，想起巴黎凡尔赛宫，"在日本人眼里，中国更接近西方"（即更理性），并同意我的上述看法。当时陪同在座者有东京大学近藤邦康教授。
② 本文稿原作"蔑死"以概括此种情感性极强之不惧死亡之心态。但"蔑死"一词似仍有以中国精神来疏解之嫌，故改作"崇死"。

与西方文化追求永恒相对应，中、日文化都极其感慨世事多变，"人生无常"。人生无常感突出地贯注中、日的文学、艺术中，中国《古诗十九首》以来的许多诗文和日本多种和歌集，都展现出这一特色。

在中国，由于"实用理性"的基因，儒学赋予"生"以积极、肯定的温暖色调。就是说，儒学认为"生"、"生命"本身是好的，是有意义的，从而对生命现象怀抱一种热烈歌颂的情感态度，将它看作是人生的价值、宇宙的本体。无论是原典儒学的"四时行焉，百物生焉"（《论语》），"天地之大德曰生"，"生生之谓易"（《周易》），还是宋明理学如周敦颐不除庭前草以见"天意"，程颢"四时佳兴与人同"的咏叹等等，都是对宇宙、自然、万物、人类，包括一己的生命和生命现象，采取了一种积极、肯定、欢庆、贵重的态度。中国儒学把它落实在个体生命的具体层面上，强调努力奋斗，自强不息，"日日新，又日新"，"日知其所亡，月无忘其所能"。即使不能进取，也仍然重视包括肉体生命在内的生存、生活，从"明哲保身"的古训到《论语·乡党篇》孔子的日常起居，以及孔子讲"邦无道，言逊危行"，孟子讲"知命者，不立于岩墙之下"等等，都具体地展现了儒家这种"重生"的人生观。道家以"天地为不仁"，视自然为中性，但也强调"保身全生"，"处于材不材之间"（庄子）。"重生"几乎是中国文化思想的自觉主题。它来源久远，迄至今日，在大小传统中，在医药、武艺、方术中都看到它的踪迹。包括深受西方虚无主义影响的现代人鲁迅，也以"绝望之为虚妄，正与希望相同"作为《野草》题词，表明即使在无望的困境中仍然要生存、奋斗，这与两千年前孔老夫子的"知其不可而为之"，几乎同出一辙。这种"重生"的态度是理性的，是经由深刻思索和理解之后而采取的。它已完全不是自然恋生之情，所以儒学也主张"杀身成仁"、"舍生取义"，即必要时可以舍弃生命来完成生命的价值。

也正是以这种"重生"为核心，儒学才建构起"天行健"、"人性善"、"天命之谓性，率性之谓道，修道之谓教"，以及"立德、立功、立言"三不朽、"不孝有三，无后为大"等以"乐感文化"为标志的整个人文系统。这个系统把宇宙的存在、子孙的延续、人类的前行作为本体实存。

"乐感文化"并非盲目乐观，其中包含有大的忧惧感受和忧患意识。如马王堆帛书《五行篇》所云："无中心之忧则无中心之智，无中心之智则无中心之悦，无中心之悦则不安，不安则不乐，不乐则不德。""乐感文化"的"悦"、"乐"正是通由忧患、忧惧、忧虑而来。范仲淹说："进亦忧，退亦忧。"由忧而思，而学，才有"智"，有"悦"，有"安"，也才有"乐"。"乐"在儒学是一种"德"：道德品质和人生境界。因为人生在世，无论就群体或个体说，都极不容易，"乐感文化"的要义正在于：人生艰难，又无外力（上帝）依靠（"子不语怪力乱神"，"敬鬼神而远之"等），只好依靠自身来树立起积极精神、坚强意志、韧性力量来艰苦奋斗，延续生存。"现代学人常批评中国传统不及西方悲观主义深刻，殊不知西方传统有全知全能的上帝作背景，虽渺小但有依靠；中国则无此背景和依靠，只好奋力向前，自我肯定，似乎极度夸张到人可以'参天地赞化育'，实则其一无依傍之悲苦艰辛，固大有过于有依靠者。中国思想应从此处着眼入手，才知乐感文化之强颜欢笑百倍悲情之深刻所在。"①

由于实用理性对上帝神灵和死后世界都采取了理性态度，一方面重视生命、生存、生活和人生价值，另一方面对死亡本身也同样采取了理性分析的态度。死亡的共同性本来只在动物性的终结，如果畏惧的是这个，那人不过是一意识或超前意识的动物而已。因此儒学强调"死"有多种，即人的死亡不应等同于动物性的自然终结；相反，而应将人的自然性的感性终结赋予社会性的理性意义，即将死的品质价值归结由"生"来判断和评定："死有重于泰山，或轻于鸿毛"（司马迁），或如桓温所说，"不能流芳千古，亦当遗臭万年"。人的死亡如同人的生存、生活一样，被注入了社会性的理性内容，要求个体将生死都放置在社会历史的光谱下，来追寻不朽，从而获得心理的安宁和

---

① 《论语今读》6·20。儒、道之所以能互补，也正在于二者有"重生"的契合点。另参阅《中国古代思想史论》。

平静。无论是"而今而后，庶几无愧"（文天祥）的从容就义，还是"而今而后，吾知免夫"（曾子）的视死若归，都是这种死的安宁或安宁的死亡心理的表达。它是渗透了理性精神的情感态度。人都有一死，这是不可避免而没有办法的事情。中国儒学认为，解脱对死亡的动物性的恐惧，便只有把它置放在对"生"的社会意义和价值的冷静的理性把握中，并把这种把握塑建为个体的情感、心境、人格，这样面对死亡也就不会也不必过分哀伤恐惧了。孔子说："未知生，焉知死。"张载说："存吾顺事，殁吾宁也。"道家庄子也说："知其不可奈何而安之若命。"都是这种方式和态度。

正因为重视此有限的"生"，如前节所已点明，思维和情感的对象和范围便经常萦绕、流连、执着在许多非常具体有限的"生"的事事物物之中。此际生活、社会现实、人情关系、历史感怀成了经常的主题。连对自然的感受咏叹也是感时伤物，悲天悯人，总与世事相关。如本文一开头所说，中国传统社会结构的主干是士大夫知识分子，他们以"致君泽民"作为生的意义，即人的理想和生活目标，从而他们的"思"与"情"大多是社会伦常，世间人际，是现实的情，情况的情。其主题内容和表现形式都具有很大的可理解性和"合理性"，而缺少种种反理性、无意识、野蛮冲力、兽性要求等生、死本能的出现。如同中国儒学一样，中国的文艺由于"诗言志"、"乐而不淫"、"温柔敦厚"

等儒家诗教，以及"言不尽意"、"意在言外"等美学标准的规范，便在根本上缺乏酒神精神。[1]它所一唱三叹、反复吟咏的，是对这个世界各种具体的有限的事物和关系：或愤慨，或感伤，或赞美，或关注。即使心空万物，却仍流连人世；即使人生若寄，依旧一往情深。人间如梦的生死感伤，包括美景空幻、禅味甚浓的作品，也仍然是此际生命的慰安剂："明月松间照，清泉石上流"，"行至水穷处，坐看云起时"……如此美丽的山水风光，如此潇洒的人生态度，仍然只是此际生命境界的表达。它仍是"重生安死"的实用理性的人生观的显露。

日本不然。也许由于多山岛国异常艰苦的生活环境，死亡的降临常有突发性、袭击性和不可预计、不可理解、不可抗拒性（如多地震、台风）的特点，这使得人生无常的观念比中国似乎带着更为沉重的悲凄感伤而无可如何。特别是日本社会结构的主干并非关怀国事民瘼的文绉绉的士大夫，而是"一剑倚天寒"、竭尽义务忠于主子的勇猛武士（儒学常处于附属地位），再加上神道基础，于是不是儒学而是佛教和禅宗，更多支配了人们对生死的观念和情感。一方面视生命如虚幻，一切皆空无，蔑视死亡的来临；同时也正因为此，便竭力把握和十分珍惜生存的时刻，"惜生崇死"成了极为凸出和强烈的特色音调。它不

---

[1] 参阅《华夏美学》。

是充分理性地，而是更为感性地去把握生死，对待生死，了解生死。这种"崇死"，乃积极地主动地向神的归依，故呈现为对死亡的尊敬（尊死）、崇拜（崇死）以及病态的美化和爱恋（如三岛由纪夫的作品和行为等）。它们以各种形态呈现着"死本能"的强大，而与中国"重生安死"的理性态度，拉开了很大的距离。

　　大概原始神道的"大和魂"中就有不畏死的神秘精神，神道本也包含神人生死相互依存、转化、合一，以及"他界"与此界、祖先与活人直接相连等观念。①神既无所不在，笼罩一切而极可敬畏，与之相对应的，则是人生短促，死亡易来，个体无能，意义何在？佛教禅宗和净土的输入传播，分外加重了生死无常、业报悲苦、厌离秽世、往生净土的感愿，加深了视世界、生命、己身为虚幻为空无的领悟。特别是禅不思辨，不议论，只直截行动，于生死无所住心，死得勇猛随意，"若能空一念，一切皆无恼，一切皆无怖"，更易与武士道的勇猛精神相结合。它们结合在这个"心空万物，心亦空无"以达到"击碎生死关头"的"境界"上。山本常朝（1659—1719）说："所谓武士道，就是

① 至今日本人日常生活中仍有对祖先、亡灵说话的习惯。关于日本非理性的神道信仰和神人一体或交融，周作人有如下述说："我平常这样想，日本民族与中国有一点很相异，即是宗教信仰。……我们的信仰仿佛总是功利的……多是低级的而并不热烈者也。日本便似不然，在他们的崇拜仪式中，往往显出神凭或如柳田国男氏所云'神人和融'的状态，这在中国绝少见，也是不容易了解的事……日本民族与中国人绝不相同的最特殊的文化，是它的宗教信仰……他们往往感情超过理性……蛮不讲理，有时离奇近乎发疯。"（《知堂回想录（下）》，第691至692页）

对死的觉悟……每朝每夕，念念悟死，则成常住死身，于武道乃得自由。"①从而禅的"心法"成了武士道"刀法"的核心：

> 剑出而心不追，忘却一切击法，只管出剑。杀人而勿置于心。心悟人空我空，技空剑空，且于空心亦不住。
>
> 此无我、心不动而身手足动之时，有十度则十度不爽。心略有挂碍其间，亦致错也；无心则皆中也。虽云无心，非一切无心，唯平常心也。②

好个"杀人而勿置于心"！当然被杀也当勿置于心。而此"无心"亦"平常心"。因为武士道本来就要求武士"无论何时，均应深刻思虑死"，准备死，死即此"平常心"。由空、寂修炼得来的这个"平常心"，由"敬"的长久持握积累而可以化为无意识状态，成为日本禅学以及儒学所追求的最高境界。它当然与原神道信仰的非理性有关。它们如何具体配置组合，其中的关

---

① 《叶隐》，第一卷。引自魏常海：《日本文化概论》，第135页（北京，世界知识出版社，1996），下简称"魏"。或译作"所谓武士道就是寻找到了死"，似更贴切。此乃《叶隐》开篇第一句，影响至大。日本传统之轻生喜杀（人）屡见外人记载，如"欧洲人认为，杀人是可怕的事情，杀牛宰母鸡或杀狗是并不可怕事情。日本人一看见宰杀动物便大吃一惊，但对杀人却认为司空见惯"；"在日本，不论谁都可以在家里杀人。"（路易斯·弗洛伊斯：《日欧比较文化》中译本，第109、108页，北京，商务印书馆，1992）明代罗曰褧《咸宾录》亦记有"其喜盗、轻生、好杀，天性然也"（该书序）等。
② 《武术丛书》，第217页。源，第87页、第99页。

系如何，仍是值得深入探讨的问题。

不仅禅僧和武士道视人间空幻，死亡平常，而且包括上层的整个社会，似乎也如此。例如，就在极力描绘情欲活动的《源氏物语》和极力铺陈武力事功的《平家物语》等著名古典说部中，便可以感到，几乎日本生活无处不笼罩在一层人生如幻、世事无常的悲怆凄婉的氛围之中，那么持续和强烈。比起中国的《三国演义》那一首慨叹人生的开场诗来，相距已不可以道里计。而从古至今，即使是声名显赫、功业盖世的好些日本大人物，这种来去匆匆、人生虚幻的感觉、感受、感情和观念，也仍然强烈地伏卧在其真实的心底。古代如丰臣秀吉诗："吾以朝霞降人世，来去匆匆瞬即逝；大阪巍巍气势盛，亦如梦中虚幻姿。"如朱子学大儒贝原益轩的辞世和歌："往昔岁月如同昨夜，八十余年像梦一场。"被誉为日本启蒙之父的福泽谕吉也有"人间万事不外儿戏"，"喜怒哀乐如梦景，一去了无痕迹"的感唱。这在中国便较少见。正因为人生空幻，人死即成佛，道德亦随之泯灭，因此人之是非善恶便不必再论。这与中国因重视人间，讲求"三不朽"和"千秋功罪"，又是颇不相同的。中国人很难真正做到"一了百了"，日本人则大概可以。在日本，切腹谢罪即告人生完成，不再究评；在中国，则常说"死有余辜"或"死有余恨"，总将"死"放在"生"的历史系列中去考察、诠释。

与中国非常重视历史经验和因果，甚至以之为本体存在不同，在日本的文化心理中，历史所回顾的过去和所展示的未来，似乎并无何真实意义。真实的意义在于把握住现在，把握住当下的瞬刻。从而，生命应该像樱花那样纵情而充分地美丽开放，然后迅速地凋谢和死亡："如果问什么是宝岛的大和魂？那就是旭日中飘香的山樱花。"（本居宣长）在这里，"生"的意义不在久远持续，而即在这光荣美丽的瞬间。这与中国儒学讲求"岁寒然后知松柏之后凋"，从而一直以赞赏松、竹、梅、菊为重要趣味相比，也是有所不同的。①

　　由此而来，日本的文化心理在情感的指向和表述上，较之中国，也迥然有异。它的情感及范围不像中国喜欢分散和落实在人世伦常、现实事务、历史感伤、政治事件以及个人的怀才不遇、世路坎坷种种非常具体、有限的多元事物中，而是一方面集中指向对无限、绝对、权威的神秘歌颂和崇拜，另一方面更多指向对原始情欲、兽性冲动的留恋欢娱。也如前所指出，日本通过儒学建立起整套严格的外在礼仪规范和行为秩序，个体被长期捆绑在这外在的秩序规范之中，循规蹈矩，毕恭毕敬，但其内心却并未驯服或驯化，于是其内心的自我似乎就只存在和出现在这生物性的生存、欢乐和感叹之中。他们对"自然"

---

①　本居宣长语见新，第92页。日本也一样爱松、梅、菊，爱樱实为后起（始自平安中期）。菊且为皇室家徽，但其含意与中国有别，如菊意乃清寂。切腹自杀，不再追究，系吴端先生提示，谨此致谢。

更多理解为生命自身的流露展示，非常感性地把握和对待自然，而不像中国更多重视"自然"的条理法则，更为理性地来剖析和了悟自然。日本儒学比中国儒学更多地肯定人欲，认为"天理即人欲"。大反儒学的本居宣长更以"事物的幽情"替代道德的善恶，肯定《源氏物语》中各种反道德的情欲叙述，认为此乃内心真情之所在，充分表达了这种日本精神，[①]从而产生极大影响，远远超过儒家学者。总之，由于没有中国追求内在完善的宋明理学的理性要求，没有讲求"乐而不淫"的中国儒家诗教的约束，没有中国士大夫社会阶层的政治责任的沉重承担，在日本的日常生活和文艺作品中，放浪情欲的男女爱多于伦常观念的亲子情，个人抒情多于政治关注，与中国总和社会、政治、世事紧相联系不同，这里更多是纯粹私人的、内心自我的、自然情欲的。酒店流连、酗酒胡闹、自然主义、"肉身文学"、"私小说"、"私人日记"等等，成了日本文化的表层特征。不必问道德价值、理性意义，真实描绘出生活和感觉即美，即使是痛苦、悲惨、丑恶、无聊也无妨，即使是主观的瞬刻或客观的片段也无妨。其实，这不就正是对生命的万分珍惜、放纵和爱恋么？因此，在这里，感情和感觉更为开放、自由和浪荡，也更为多情和极端敏感。各种虐人、自虐、病态、多愁善感甚

---

① 包括日本佛学宣讲越是作恶多端的人越可得到拯救，近代僧人娶妻生子，大食荤腥，以神道中虽祸害多端的恶也是神所造，仍须礼敬等等，均表现这一特征。

至野蛮冲动都以其坚韧地追求细致、纯粹、精巧和完满，而成为美的形态。一方面是超越的信仰，另一方面是原始的情欲；一方面深深感伤人生，另一方面纵情享受世界；神秘与感性，虔诚与放荡，在这里混杂交错。甚至现代日本的知识人在观赏日出等自然景物时，也一方面是感官的充分开放和享受，另一方面仍然怀着神秘的敬畏和崇拜（这在中国知识人便少有）。①总之，与中国儒学以"天理"理性化的道德原则兼管内外，从家庭、社会、政治管到思想、情感、心理不同，日本儒学对此内心世界的理性化没有着力，因为它不必着力或无能为力，因为本土神道早已强调了内心的"洁净"。但这种"洁净"，不是如中国儒学那样具体地去讲求各种自然情欲的理性化，要求所谓"道心"主宰"人心"；恰好相反，它是直接去追求某种除去一切思念、欲望，从而与神同在的感觉，它是既感性又神秘的：

　　尤其参拜伊势宫之固习，无念珠，不供币帛，心无所祈，

---

① "日出"之例乃孙歌女士见告，谨此致谢。关于神秘主义与经验论的关系，恩格斯一些论述值得注意。他曾举出好些著名的自然科学家与神秘论相结合的例子，说"最清醒的经验主义者也陷入最荒唐的迷信中"；"要寻找极端的幻想、盲从和迷信时……到那种单凭经验，非常蔑视思维……的派别中去寻找……大概不会犯什么错误。"（《马克思恩格斯全集》，卷20，第389、399页，北京，人民出版社，1971）等等。这一问题值得研究，因至今仍有此类现象。日本奥姆真理教成员多科技专家，亦一例。

此曰内清净。弄潮浴水，身无污垢之处，此曰外清净。
若能内外清净，神心与吾心无阂。既已如斯，何以再
祈祷神明焉！导闻此为参拜神富之真道时，渴仰之泪
难抑。

若人心清净，可信其会感受到神与其同在，直接体验
到神在己心中。①

所以，这个"洁净之心"究竟是什么（其实也包括日本阳
明学的"良知"、朱子学的"天理"究竟是什么），是很难或不
可以、也不必用理性去分析的，重要的是它的形态和把握的直
接性，这就正是神秘主义、非理性的神道。只有神道才是"清
洁不殄"的根源和原理，其他如儒学所讲求的道德，比较起来
是次一等的；只有凭依神道，儒学道德也才可能存在。因此，"洁
净"、"忠诚"、"力行"是根本，其他一切乃枝叶或花实。日本
阳明学所讲求的超越生死，视死如归，正因为与这种神道信仰
相合拍，强调的仍然是以赤诚、洁净的心魂来力行实践，所以
影响很大。佐藤一斋所谓"死后即生前，生前即死后。而吾性
之所在，常在生死之外"，以及所谓在畏死心中"拣出不畏之理"，
即如此。古学派"武士道儒学"的山鹿素行更以兵学与神道相

① 贝拉，第72、73页。中国道教亦有内、外洁净说，但内容、意义不同。

结合，并由此"无疑地造成日后素行由中华圣学而至日本圣学的转变"①，即由儒学而回归本土神道，开后来国学派先河。凡此种种，都说明与中国儒学理性化的生死观相当不同，日本儒学的生死观是与其本土的感性兼神秘的大和魂精神相连结着的。

拙著《华夏美学》曾认为：

> 正像严羽尽管自觉地以禅讲诗，却仍以李、杜为正宗；苏轼尽管参禅，却仍然既旷放豁达（道），更忧国忧时（儒）一样，所以由禅而返归儒道……大概是中国禅与日本禅的差异所在吧。日本的意识形态和文艺中的禅，倒更是地道的。它那对刹那间感受的捕捉，它那对空寂的追求，它那感伤、凄怆、悲凉、孤独的境地，它那轻生喜灭，以死为美，它那精巧园林，那重奇非偶……总之，它那所谓"物之哀"，都更突出了禅的本质特征。中国传统的禅意却不然，它主要突出的是一种直觉智慧，并最终仍然将此智慧溶化和归

---

① 贝原益轩说："夫我神道清洁不秽之理，而诚明正直纯一淳朴之德，亦因清洁不秽而在焉"。神道的"清洁不秽"是根本的"理"，儒学讲的各种德行才因之可能存在。佐藤语引自盛邦和：《东亚：走向近代的精神》，第39页（杭州，浙江人民出版社，1995）。山鹿见刘梅琴：《山鹿素行》，第33页。山崎暗斋由佛入儒，而"晚年主张神道"（同上书，第21页）。这种重归神道的日本儒学的共同现象颇值重视。当然，日本儒学中也有注重内心分析、修养的思想、学说，但非主要倾向，暂不细论。日本主流之内心修养仍在武士道的坚忍（忍痛、忍难之苦修磨炼）服从（于各种仪文规格）。

依到肯定生命（道）或人生（儒）中去……①

人都怕死，而无可躲藏。程颐说，佛家怕死，所以老谈这个问题，因此理学甩开生死而回到伦常。禅宗有云：

> 未参禅时见山是山，见水是水；及其后来亲见知识有个入处，见山不是山，见水不是水；而今得个体歇处，依前见山只是山，见水只是水。②

这是著名的禅宗"悟道"三阶段说。但所谓"山还是山，水还是水"的第三阶段，其广泛传播的实际情况和意义乃在于：它主张回到原有的世俗人间，只需保持一种禅的出世心境，则一切虽表面未变，就并不一样了。从理论逻辑说，这里再"下一转语"，便通向在世俗人伦、纲常名教中去"践伦"、"明道"、"同天"的宋明理学。禅本已是中国化的佛学，但禅之后，不但产生了重归世俗的儒家的理学、心学；而且禅本身也日益归依儒、道。上下层社会都以不同方式实行着"三教合一"。在下层，如本文一开头所指出，儒学教义已深深渗入了佛教。在上层，讲佛谈禅成了士大夫知识分子生活情趣的重要方面，成了他们陶

---

① 《华夏美学》，第 191 页。
② 《青原惟信禅师》，《五灯会元》，17 卷。

情养性和诗文书画的重要内容。这与日本禅和武士道的原始野性相结合，[①]追求纯粹，硬碰硬地"截断两头"、"击碎生死"、切腹、自殉、复仇、活祭……恰好成鲜明的对比。也许，在中国禅看来，日本禅这种对打破生死关的执着，可能仍然是停留在"第二阶段"——"山不是山，水不是水"上，还不够透脱，彻悟。但是,这一定准确吗？这个号称为"彻悟"的"第三阶段"，还可以说是禅的寂灭追求吗？禅的"本义"究竟何在呢？哪一个阶段（"第二"或"第三"）更能代表，不是仍大有值得商讨的余地么？我以为，若从上述武士道的日本禅来看，这个所谓"第三境"便太"聪明"、太滑头，它实际是太庄子化了。我尝以为，日本没有深入地输进庄子，[②]所以才有禅的直线发展和刻意追求，也才有上述"第二境"的"纯粹"和执着。它不再是儒、道的重生庆生，而是真正"截断两头"（生死），蔑视死亡。之所以如此，则仍然是有本土神道传统作基础支持的缘故。神在日本不可能像中国那样，再一次回到"重生安死"的世俗人间。"重生安死"本与中国儒学的"大有"相连，而"惜生崇死"则

---

① "大和魂并不是柔弱的人工培养的植物，而是意味着自然的野生物。"（新，第 92 页）

② 松尾芭蕉以受庄子影响最为闻名，但限于文艺和审美。日本研究者认为"芭蕉受《庄子》思想的影响并不深刻"（神田秀夫。严、源，第 110 页）。山鹿素行等也有"好禅，乐老庄"，"涵老庄之书，殆究其理"（刘，《山》，第 49 页）等记载，但"庄"在这里是与"禅"和"老"相混同来理解的，并未突出"庄"的特点。道教因与神道有契合处，在日本颇有影响。道家，特别是庄子，则不然。此外，日本禅也讲"山还是山，水还是水"的"第二境"，但意义不同。

与日本的神道、禅宗的"空、寂"相连。

这个"第二境"、"第三境"的差异,在许多方面也都有表现。如闻名世界的京都龙安寺用细沙和几块石头构成小小"庭院",如日本茶道对"和、敬、清、寂"一举手、一投足的精心苦练,都是在刻意追求禅境的寂灭与超越。正是这样,才能够与世俗环境和世俗心境拉开距离,显示差别。以人们熟知的茶道来说:

> 即使在同一主客平时相会过多少次,也应认为这次会合是此生中只有的一次会合,一去不再复返。主人应万事在意,竭力尽深切的实心实意,不使有一点疏忽。客人也必须感受主人的诚意,以实意相接。无论主客都决不可以随随便便的心态从事。……在茶会终了之后,主客也均应在内心里深怀余情,体会殷殷惜别之心。从茶室前小庭院走出的客人慎勿高声,静静反顾,而主人也应目送客人离去,直至望不见踪影,然后主人静静地回到茶席的位置上,一个人坐在炉前,心中体会今日之一会已难再来,自己深深投身到寂寞的境界当中去。①

也正如该中文译者所评论,这"和中国那种旷达任性、不

---

① 佐佐木八郎:《艺道的构成》,引自刘振瀛:《日本文学论集》,第121页(北京,北京大学出版社,1991)。

拘礼节的煮茗清谈式的饮茶风习恰好是相反的"。[①]在中国文化心理看来，日本这一切（包括上述龙安寺的禅境庭院等等）便太"做作"、太人为、"褊狭扭曲"、"有失自然"，总之仍"停留"、"执着"在第二境上。其实，这种种极端认真地讲求技艺，百炼千锤，一丝不苟，正是对"生"的万分珍惜和爱恋：即使生如梦幻，也必须执着、认真、坚忍、刻苦，竭力追求，不容少懈。这正是要在这短暂的"生"中去力寻启悟，求得刹那永恒，辉煌片刻，以超越生死，完成禅的要求和境界，而不采取庄周那种同生死、齐彭殇、大而化之、游戏人寰的态度。中国追求在世俗人寰中超越生死，日本追求在与世俗人寰拉开距离中超越生死。中国是即境求悟，日本是造境启悟。

中国重生。美总与人、"生"相联，非常实用地讲究衣食住行。宫殿住所喜欢雕梁画栋，金碧辉煌，千门万户。食则不厌精细，五味纷呈。包括佛寺、道观也充满人间情趣和尘世风味，常熙熙攘攘，热闹非常。比之日本神社、皇宫草阶茅茨，黑白单色，质朴静穆；日常饮食简单、生冷、素淡，一切力求洁净以符合神道等等，其不同相当明显：一乐生庆生，一纵生轻生；一重生安死，美在人间；一惜生崇死，美在神秘；一儒道互补，追求生活和谐；一神道为本，不惜身心、内外、公私剧烈分裂

[①]　佐佐木八郎：《艺道的构成》，引自刘振瀛：《日本文学论集》，第120页（北京，北京大学出版社，1991）。

和悲惨冲突；一情感几乎全面理性化，丧失原始冲力大半，一情感可以与理性分家，深情与残忍、文明与野蛮、神性与兽性可以并行不悖；不同文化造成了情理结构的不同和差异。当然，所有这些比较，都只有相对意义和"片面"性质；但注意这些差异，了解它们在现代化进程中所起的作用，仍然是很重要的。

四

现代化不只是物质文明的发展，它与精神文化攸关，后者可以推动前者走着不同的方向和不同的道路。

"中体西用"与"和魂洋材"分别是中、日两国在19至20世纪面临西方挑战而各自采取的基本对策和战略。①两者相似，而一败一成。何以故？问题巨大复杂，非本文所能详究，这里只从上述文化心理视角提出些意见。

"西用"与"洋材"大体相当，主要指输入和培育西方的科技、工艺等知识和人才，因此关键在于"中体"与"和魂"有异。"中体"者，中国数千年专制政体下的社会伦常结构及其理性化的意识形态（传统儒学）。与非理性的神道信仰的"和魂"不同，"中

---

① "中体西用"论自张之洞1898年发表《劝学篇》后，在20世纪流行不辍，至今仍以各种形态而大有影响。之前，郑观应等人的"中体西用"论强调的主要是"用"，与张强调"体"有所不同。郑等的"西用"也有一扩展过程，如由科技而扩至主张立商会、设议院等。

体"因其有一整套理性形态的纲常名教的观念和信仰，而与现代西方的自由、民权、科技、商业等观念、思想，以及现实制度扞格难通。"中体"首先视现代科技为"奇技淫巧"，予以排斥；后又视民主、人权为异端邪说，力加征讨。这种排斥和征讨都有理论形态的世界观和价值系统作为理性依据。宋明理学"理一分殊"的原则将社会和个体的生活秩序、行为活动、思想观念、情感表达做了非常严密的规范安排。"士农工商"的社会秩序、"义利之辨"的儒学观念长期深入人心，特别是士大夫知识阶层之中。传统的"中体"系统使人们不仅在感性上，而且在理性上，不仅在社会层面，而且在心理层面，顽强地抗拒现代化。"正人心，端风俗"总被当作对抗西方的政治战略和治疗社会的根本处方而为理学家如倭仁、徐桐所提出，而得到当时大多数士大夫知识分子的支持、拥护。之所以得到支持和拥护，又正是由于它不仅是一种感情的反弹，而且是某种理性的心理，从而不易改变或放弃。但其结果如何，中国近代史和思想史都已讲过，这里不必重复。总之，从文化心理看，"中体"——以维护"纲常名教"、专制政体为核心的儒学理性教义——实际上是极大地阻碍了"西用"和中国现代化的行程。

日本的"和魂"则不然。"和魂"并非儒学[1]，更非宋明理学。

---

[1] 虽然也有"明尧舜孔子之道，尽西洋器械之术"（横井小楠）等提法，但"尧舜孔子之道"并非"和魂"。至于佐久间象山著名的"东洋道德西洋艺"，则第一，"东洋"不止于儒学，第二，其重点是后句，即西洋技艺。

它是非理性主义的本土神道，是那种"惜生崇死"、一往无前的
武士道精神。如前节所说明，日本以这种本土精神接受、吸取
了儒学，并由于没有中国儒学"大经大法"的严格约束，可以
更自由地发展其经验论和实用性，去适应和接受从科技到工商
等各种现代西方观念、制度和思想。与此同时，也更为重要的是，
日本儒学所建立和所倡导的社会秩序和"忠君"观念，在新条
件下，再一次与其本土神道紧相结合，被"因势利导"，迅速发
展成为以天皇崇拜为轴心的军国主义，使日本走上不断发动战
争侵略外国，来实现现代化的道路。

　　日本的现代化采取了军国主义道路，有其政治、经济各方
面的原因和契机，但文化心理方面的这种渊源不容忽视。可以
用被誉为"日本伏尔泰"的福泽谕吉为例。福泽可说是引领日
本走向现代化的思想主将，是积极接受和大力宣传西方理性主
义的启蒙者。他论证"智"（智慧）与"德"（道德）的区别，
强调前者才能实现现代文明，反对各种陈旧传统，特别是反对
儒家学说，要求"脱亚入欧"。他说："纵令达摩大师面壁九十
年，也不能发明蒸汽机和电报，即使现在的古典学者们读破中
国的万卷经书，掌握了无形的恩威的治民妙法，也不能立刻通
晓现代世界通行的经国济民之道。"[①]至于孔孟，更是"不识时务，

---

① 　福泽谕吉：《文明论概略》，中译本，第 88 页，北京，商务印书馆，1995。

意想以他们的学问来左右当时的政治，不仅被人嘲笑，而且对后世也无益处"①。如此等等。这是经常被人称道的启蒙思想，对当时日本的确起了发聩振聋的重要作用。但这只是一个方面，其实更值得注意的是另一方面。我以为这另一方面更为重要。这就是甚至福泽谕吉本人，也并未真心相信和坚持他所宣讲的西方现代的基本观念，包括并未坚持和相信他在《劝学篇》一开头所提出著名的"天不生人上之人，也不生人下之人"（人皆平等）的西方人权基本原则。这些西方自由、民主的启蒙思想，作为抽象理论或一般原则，对他来说，仍然只具有经验实用价值（启蒙），而应服从于实际应用之中。因此福泽更重视的是西方这些原则或理论如何作用于日本。他主张价值相对论，并认为"并不是物的可贵，而是它的作用可贵"②。由此，对他来说，"君主也好，民主也好，不应拘泥名义如何，而应求其实际。有史以来，世界各国的政府体制虽然有君主专制、君主立宪、贵族专制、民主制等不同的体制，但是不能单从体制来判断哪种好，哪种不好"③。"能够说专制暴政之类必定与君主政治相伴，民权自由之属一定是与共和政治并行吗？……政治虽然也有君主、共和之别，但都可能强行专制的暴政。"④这与中国现代启

① 福泽谕吉：《文明论概略》，中译本，第52页，北京，商务印书馆，1995。
② 同上，第29页。
③ 同上，第34页。
④ 福泽谕吉：《劝学篇》，中译本，第110页，北京，商务印书馆，1996。

蒙者无论是康有为、严复、胡适、陈独秀等从理性上或重估或否定传统以接受西方观念和学说，并真心相信而努力实践之，无论进化论也好，民约论也好，自由主义也好，共产主义也好，都不是仅从经验实用的角度，而是更从理性思辨的角度，来接受和重新建立自己的人生信仰，指导实践活动，或改良或革命，是颇不相同的。

正是根源于日本传统精神，福泽认同并赞赏："我国的皇统是和国体相依为命绵延至今的。……如果运用得宜，在某种情况下都可以收到很大的成效。"① "（在日本）人与人之间……抱着'食其禄者死其事'的态度，甚至把自己的生命也献给了主家，不能自主。……以'恩义'二字圆满而牢固地把上下之间结合起来……这种风气不仅存在于士族与国君之间，而且普遍浸透到日本全国人民中间。商人、农民以至于'秽多'和贱民之间……其规矩之严，犹如君臣一般。这种风气，或称为君臣之义。……总之，日本自古以来，支配着人与人的关系，而达到今天的文明，归根结底，都是由于这种风俗习惯的力量。"② 因之，福泽主张："日本人当前的唯一任务就是保卫国体"，"要尽忠就要尽大忠……为皇统的绵延增光"；而"唯有吸取西洋文明，才能巩固我国国体，

---

① 福泽谕吉：《劝学篇》，中译本，第 28 页，北京，商务印书馆，1996。
② 福泽谕吉：《文明论概略》，中译本，第 169 页，北京，商务印书馆，1995。

为我皇增光"①;从而,"有史以来的所谓君臣主义、祖宗传统、上下名分、贵贱差别在今天难道不是已变成国家大义、国家传统、内外名分、差别,并加重了多少倍了吗?"②可见,与古代吸取儒学一样,近代日本人所吸取的西方自由、民权等理性思想,并未真正深入其内心世界,构成其思想信念、行为准则、情感信托或献身对象,这些理性观念只是作为适应现实的经验论的实用手段。它不但不削弱反而可以再次包装和加强其非理性的神道武士道精神。

而这,也就正是所谓"和魂洋材"。西方现代政治理论,通过经验论的选择,被认为"国权"优于"民权",国家主义高于自由主义,从而对内力主"君民调和",对外支持侵

---

① 福泽谕吉:《文明论概略》,中译本,第24页,北京,商务印书馆,1995。

② 福泽谕吉:《文明论概略》,第188页,北京,商务印书馆,1995。这种"国家主义"早在日本传统儒学中即有。如"暗斋面对许多弟子们问道,如果现在中国以孔子为主将,以孟子为副将,率领数万兵马来进攻日本的话,我们这些学习孔孟之道的人应该怎么办呢?弟子们不知如何回答……暗斋说,如果不幸真的遇到这种灾难,我们只有身披胄甲手执武器,与他们一战,擒孔子、孟子以报国恩"。(《先哲丛谈》,冈,《山》,第96页)可见,民族(种族国家)高于文化,文化不过实用工具。是民族而非文化乃根本,与中国更重文化(理性的普遍性)适相对照。(佛祖可高于孔子,西货可优于传统,等等)戴季陶《日本论》:"日本人迷信他们的国家是世界无比的国家,他们的皇室是世界无比的统治者,他们的民族是世界最优秀的'神选民族',这种思想都从神教的信仰产生出来的。"(第二章)神道和皇统在日本有一历史发展和变迁之复杂过程(如前述大和魂由女性变男性等),本文仅就其影响近代之主体精神而言,其他均未及论说。

略战争，这就是这位自称"特别厌恶专制的暴政"^①的日本最为清醒、最为理性的启蒙思想家所选择以天皇崇拜为意识核心的军国主义来走向现代文明的道路，而军国主义实施的正是"专制的暴政"。福泽的例子恰好说明，在日本，现代西方自由、民主理论只是作为经验论的"洋材"而已，推动并支持其现代化进程的仍是神道精神的"和魂"。不仅福泽一人，当年一代俊杰，包括西化甚深造诣甚高的名流学者，如"日本哲学之父"西周，提倡《论语》加算盘、"义利一本"的"日本近代企业之父"涩泽荣一，以及加藤弘之、德富苏峰……均莫不如是。无怪乎后世的评论家们要认为：包括福泽在内的明六社所宣传的欧洲文明思想，"在欧洲是作为对抗绝对主义的武器而产生的，在日本则成为加强绝对主义权力的武器"^②。相当了解西方，以提倡理性、智慧而著名的启蒙者尚且如此，就更不必说其他人物、倾向和派别了。也有如当时新

---

① 福泽谕吉：《劝学篇》，第 109 页。丸山真男指出，福泽从未真正赞成绝对民权说，并非如某些论者所认为前后期有重大改变，见《福泽谕吉与日本近代化》中译本（上海，学林出版社，1992）。本人赞同丸山说。福泽所说"先谋个人的独立再求一国的富强"（《劝学篇》，第 14 页）等等，只是一句理论空话，自己也并未真正重视。

② 《服部之总著作集》，第六卷。引自铃木正、卞崇道：《日本近代十大哲学家》，第 118 页，上海，上海人民出版社，1989。其中，如西周著名的"人生三宝说"（健康、知识、财富）明显接受了现代西方功利主义伦理学；但即使如此，他仍然认为灵魂、精神乃"帝赐"，人不能了解，亦无能为力，并且认为此"天赐"之心理应以"意"为主，"智"、"情"为辅等等，都是其与神道有关的本体思想。因此，所谓"人生三宝"仍不过是"西用"罢了。

渡户稻造所说：

> 不拘是好是坏，推动我们的，是纯而又纯的武士道。翻开现代日本的建设者佐久间象山、西乡隆盛、大久保利通、木户孝允的传记，还有伊藤博文、大隈重信、板垣退助等还活着的人物的回忆录一看，那么，大概就会知道他们的思想以及行动都是在武士道的刺激下进行的。①

其实，上述福泽宣讲的"君臣之义"，"把自己的生命也献给了主家，不能自主"等等，不也正是从文化思想和意识形态上，以启蒙形态包裹而张扬着其本土的非理性的神道武士道精神，支配着有效率的现代工具理性（从科技到组织）的应用，在现代日本历史上，一直到二次大战中仍"大放光芒"的么？

国家的独立、富强重于个人的人权、平等，国家的利益和自由高于个体的利益和自由，这是中、日当年面对西方侵略，许多先进人士所共同采取的反应模式。中国从康有为、严复到孙中山、毛泽东，也是如此。不同在于，由于中国更追求建构理性化的思想情感以指导行动，从康有为的"孔子改制考"、"公

---

① 新，第 96 页。包括随后号称"日本的卢梭"的中江兆民也并未脱出看重传统与现实协调的实用模式。其后，在二十年代曾有过由左派人士掀起真正近代意义上的自由、民主思潮，但很快被右翼淹没了。

羊三世说"，谭嗣同的"仁—通—平等"的"以太"仁学，严复的"天演"进化，到孙中山的"三民主义"，毛泽东的马、列"中国化"，其中还包括各种理性设计的乌托邦等等，都是企图以系统的理论构建去对抗和消解传统的"中体"，来更新人们的观念，召唤国人的感情，所谓"一种思想生出信仰，再由信仰成为力量"（孙中山）。这种新思想和新信仰当然形成对传统观念和体制的极大挑战，从而在各种大小问题上都陷入新旧意识形态的严重纠纷、剧烈冲突和长期论战之中，以致使鲁迅慨叹连搬动一张桌子也要流血。又如李鸿章和日本公使森有礼关于服装西化的讨论，便表现出，在中国，即使是变换衣装服饰也很不容易，"易服色"便涉及政治，而"变祖宗之成法"乃"大逆不道"。（这与近一百年后留长发、穿牛仔裤还被振振有词地批判为"资产阶级自由化"几同出一辙。）在日本，就没有这类问题，只要实用方便，神道并无系统的观念来统辖管制。中国文化则由于一整套理性系统的阻碍，使现代化进程更加举步艰难，于是在经历了各种失败之后，终于爆发出世界史上罕见的彻底反传统的"五四"启蒙运动，以求为现代化取得思想上的前提和武器。

但这更加剧了由于价值理性与工具理性的纠缠不清而生发出的各种思想纷扰、斗争，20年代"科学与人生观"的论战具有代表性地表现了这一点。所有这些，使中国不能如日本那样在神道信仰下统一意志和行动，让工具理性不受牵连地独立发挥，从而迅速实现现代化。但这一切，又充分展现着中国心魂总追求事事物物都要"评个理"、讲出个是非道理来的实用理性的优良传统。

如前所述，与中国接受西方观念以建立理性信仰而行动不同，自日本儒学古学派山鹿素行，特别是国学派本居宣长等人贬斥儒、佛，大倡神道以来，无思想可言、无道理可讲的独断的神道——天皇信仰，在近代一脉相承，愈演愈盛。尽管也有各种主义的输入、各种思想的论争、各种派别的组织，但始终未能改变这种局面，动摇原有的神道精神。本居宣长说："一切神之所行，非人以寻常之理所能测知"；"神乃不可以理之当否衡度，惟应畏其威而慎其祀耳"；"皇国之神，今已现御宇天皇之皇祖，非彼（指中国儒学）定理之类"。[①]平田笃胤说："皇国即天地之根源，所有事物均较万国为优。"[②]正是这种非理性的"神道—皇国"的观念、信仰，成了现代军国主义的魂灵。河野省三说："神道是神之道，神道是日本民族祖先以来的生活原理。日本民族以尊奉、赞美、体现和发扬皇祖天照大御神德作为生活原则，作为国家理想。"[③]军国主义现代化的道路正因为有神

① 丸，第 126、127、217 页。
② 《古道大意》，宋，第 201 页。
③ 《神道研究集》。王、卞，第 133 至 134 页。

道—武士道的精神基础，便无需理性启蒙的真正支持。这一直发展到法西斯主义大肆鼓吹"八纮一宇"、"万世一系"，将神道中"皇统、神统合一"的精神恶性膨胀，穷兵黩武，终于将日本引向了毁灭自身的穷途末路。

然而，日本的神道、和魂对其现代化的经济进程，特别是二次大战后的迅速发展又仍然起着重要推动作用。日本学人曾提出"虚拟的血缘社会"来描述，颇为恰当。日本昔日的"家族"，今日的"公司"、"集团"，均非以真正的血缘或亲情相组成和联结。它吸收了各种养子、仆从、雇者，但一经吸入，便不是平等双方的契约关系，而是彼此依附、共存共荣，成了似乎有亲密血缘的家族从属关系。"家"给予各成员以各种非契约的"亲情"福利照顾，个体则放弃独立的身份和利益，而成为这个"家"的等级系统中的环节，尽心为"家"的事业、利益勤勉工作，极度节俭，奋斗终生，献出自己。这里的关键在于：这种无条件的奋斗和献身本身被认为具有最高的价值，它就是"忠"，是"恩义"，是"诚"，而为人们有意识或无意识地普遍履行。这不正是日本神道和魂的宗教性传统精神的继续伸延吗？它很有点像韦伯所讲的新教伦理，在促成日本迅速资本主义现代化中，起了重要作用。如研究者所指出，"政治经济学的那种更为日本式的观点与中国式的观点之区别在于，日本式的观点更强调达到目标中的单向动力和群体所有成员为达目标努力的忘我服从，而不是强调获得相对稳定和谐的理想"①；"世俗性事务中发现宗教性的意义，置其他一切于不顾地专心工作……获得良心的满足"②。正由于并非真正的血缘关系，维系集团、公司、"家族"的，就并非温柔的自然亲情或纵横交错的人际网络，而是前节已讲到的集团对外封闭、对内等级森严的秩序制度和严峻的恩报之情（忠）。这也就是集团负责任，个人只服从；集团是目标，个人乃工具。这种以"忠"为特征的集团内纵系等级关系和对外在规范、仪文形式的严格苛求，极易接受并改造为近代工具理性所需要的组织化、机器化的有效率现代官僚体制。日本这种由战场上忠义武士的古代传统转换为商场上忠义职员的现代传统，早在这世纪初便由酷爱日本文化而改姓名的英国人、著名日本作家小泉八云道出了："忠义的宗教是千年来因着战争而发展出来的，并不就此丢弃了。正当地利用着，简直就是价值无量的国族选择。"③

总之，从古代的朱子学、阳明学、古学、国学到现代"启蒙"者、军国主义者，和战后的企业主，尽管各有不同、大有差异，却以不同形态，共同地体现了这条"和魂汉材"、"和魂洋材"，

---

① 贝拉，第 118 页。同书第 124 页："上至统率武士之达官显贵，下至最低层庶民百姓，虽有高低贵贱之差，然既皆侍奉于君主，就要为君缮写，为君治疾，为君耕耘，当然也要为君经商。"（橘守部，1781—1849）可见这种"单向"动力早已包含在传统的经商中。

② 山本七平：《日本资本主义精神》中译本，第 141 页，北京，三联书店，1991。

③ 小泉八云：《日本和日本人》。魏，第 222 页。

亦即神秘主义与经验论（或非理性与重实用）携手同行的道路特征。它使日本在古代吸收中国儒学，使社会文明化；在今日吸收西方文明，使经济现代化。它取得了举世瞩目的惊人成就。

但是，风物长宜放眼量。所谓成败应该置放在更为长远历史视野中去考量和思索。如上所述，成功的路并非没有问题、没有隐患、没有今后的重大危机；而不成功的路却可以吸取经验，做出新的探索。军国性的现代化道路虽使日本在 20 世纪很快跃为世界强国，但它给中国和东南亚带来了极为深重的灾难，至今心理伤痕犹在。日本自己在二次大战中所付出的代价也相当沉重。日本战后的经济飞速发展也不是不潜存着巨大问题，对个体长久压抑和非理性传统的长久存留，对未来发展可能造成重大障碍。一个各方面真正现代化的社会在日本仍有待实现。特别是由于非理性和神秘主义在日本文化心理中至今仍在活跃跳动着，如何注意减轻其"乖戾杀伐之气"，即狂暴发泄的方面，发展其温柔善感、坚韧、雅致、对美尽力追求等优长，重视"大和魂"中"女性的意境"等等，似乎值得研究、考虑。

中国因现代化的时日耽误，受尽了千灾百难；但百年争论，终近尾声，今日毕竟赢得了理性上大体一致的认识和实践上某种健康的起步：它对内重视均衡，避免贫富悬殊过大；对外注意求同存异，睦邻四方。这个重视价值理性的现代化进程不是以军事、武力，不是以政治、外交，而是直接以经济成长、共同富裕来提高生活，促进民生，来影响世界，共存共荣。它重视人文、伦理，从而价值研究、理性探讨始终突出，社会正义、世界前景、传统意义与现代挑战等命题被反复地争论着、思索着。它没让非理性，也竭力避免工具理性主宰一切。这样一条实用理性的现代化道路，对今日和明天的世界，未始非福。特别中国是拥有如此庞大人口、如此广袤面积、如此长久历史的国家，它的发展道路和可能意向对全世界举足轻重。但这超出了本文范围，容后再论。

弗洛伊德的治病方法是用意识将无意识唤醒，将无意识意识化。文化心理结构论亦然。弗洛伊德是对个体，文化心理结构论则对文化群体：将积淀在群体心理中的文化现象及特征描述出而意识化，发现其优长和弱点，以提供视角来"治病救人"。非理性主义的神秘"和魂"有其优长，但也有其严重缺失，不清晰地意识到缺失，可以再度促动非理性主义的高涨，再度引起侵略和战争，危害极大。当然，越来越强劲的普泛商业化和个体自我日趋觉醒，将使神道传统无可挽回地逐渐衰落，但也因之潜伏着危险的反拨和严重的紧张。理性主义的儒家"中学"也有其优长和缺失，其目前问题是由于原具有强大准宗教功能的理性信仰和意识形态的衰亡，传统文化心理和情理结构处在严重失序中，造成了严重的道德危机、信仰危机，以及如何对待自然情欲、本能冲力等问题。因此，如何有效地诠释传统，区分宗教性道德与社会性道德，在现代化进程中继承又改变原有积淀，更新情理结构，也成了重要课题。①

　　文化心理和情理结构远非一成不变。特别是随着现代化进程带给人们日常生活的巨大改变，人们的衣食住行、社会组织、家庭状态、人际关系、风俗习惯，从而其情感、思想、心绪、观念……都在不断改易变化。虽源远流长、积淀已久的文化心理、情理结构当然也在动荡、迁移、改变之中。从世界情况看，现在一方面是物质文明如电气化、信息化迅速扩展，但另一方面经济、政治的不同利益在精神文化不同的面罩下，民族和宗教之间的纷争以至屠杀也正在蔓延。因此，上面讲的探求文化心理和情理结构以"治病救人"，就并不一定是迂见或笑谈。拿中、日来说，它们都不同于西方，都缺乏根深蒂固的个人主义和自由主义传统，都认为不应只以实现个体潜能、护卫个人权益，而更应以实现群体合作、人际和谐和关切来作为社会前进、人类发展的根本目标。这也是中、日文化和儒学的共同的基本要义。而且，它并不只是古代少数哲人的书斋理论或思辨学说；经由长久的历史沉积，它已成为广大人群的某种文化心理。因之，中、日之间，中、日与西方之间，与伊斯兰世界之间，是

① 详另文，参见《哲学探寻录》，见《我的哲学提纲》；《再说西体中用》，见《原道》第三辑，1995。

否可以由了解、认识和重视这种种同异，彼此尊重，相互借鉴，各自展其优长，补其缺失，从而不是以预测和宣扬"文明的冲突"，而是主张以文明的多元互补、和谐共存，来为世界和平、为人类的繁荣和进步探索出一条精神道路呢？

　　我不知道。但事在人为。